"十四五"职业教育国家规划教材

# 智能汽车传感器应用与检测

## 活页工单式

主　编　赵　宇　李文娜　郝　俊
副主编　侯丽春　于　尧　蔡育展
参　编　王小毓　刘　欢　王开石
　　　　吴红艳

北京理工大学出版社
BEIJING INSTITUTE OF TECHNOLOGY PRESS

版权专有　侵权必究

### 图书在版编目（CIP）数据

智能汽车传感器应用与检测 / 赵宇 , 李文娜 , 郝俊主编 . -- 北京：北京理工大学出版社，2021.11（2024.1 重印）

ISBN 978-7-5763-0629-3

Ⅰ．①智… Ⅱ．①赵…②李…③郝… Ⅲ．①智能控制—汽车—传感器—高等学校—教材 Ⅳ．① U463.6

中国版本图书馆 CIP 数据核字 (2021) 第 222379 号

| | | | |
|---|---|---|---|
| **责任编辑**：孟祥雪 | | **文案编辑**：孟祥雪 | |
| **责任校对**：周瑞红 | | **责任印制**：李志强 | |

| | | |
|---|---|---|
| 出版发行 | / | 北京理工大学出版社有限责任公司 |
| 社　　址 | / | 北京市丰台区四合庄路 6 号 |
| 邮　　编 | / | 100070 |
| 电　　话 | / | （010）68914026（教材售后服务热线） |
| | | （010）68944437（课件资源服务热线） |
| 网　　址 | / | http://www.bitpress.com.cn |
| 版 印 次 | / | 2024 年 1 月第 1 版第 2 次印刷 |
| 印　　刷 | / | 河北盛世彩捷印刷有限公司 |
| 开　　本 | / | 787 mm×1092 mm　1/16 |
| 印　　张 | / | 12.5 |
| 字　　数 | / | 292 千字 |
| 定　　价 | / | 45.00 元 |

图书出现印装质量问题，请拨打售后服务热线，负责调换

# 前　言

随着国民经济的高速增长和国民生活水平的不断提高，汽车市场的需求量不断增加，刺激着汽车制造业迅速发展。汽车制造业正在经历以自动化、数字化、智能化为核心的新一轮产业升级。2020 年 2 月，国家发改委等 11 部委联合发布《智能汽车创新发展战略》，明确提出建设中国标准智能汽车和实现智能汽车强国的战略目标，以及构建协同开放的技术创新体系、跨界融合的产业生态体系、先进完备的基础设施体系、系统完善的法规标准体系、科学规范的产品监管体系以及全面高效的网络安全体系等六大重点任务，对我国智能网联汽车未来发展做出全面部署和系统谋划。目前汽车产品形态和生产方式发生深度变革，汽车产品加快向新能源、轻量化、智能和网联的方向发展。传统企业和新兴企业竞合交融发展，价值链、供应链、创新链发生深刻变化，全球汽车产业生态正在重塑。汽车行业正在进入数字化时代，作为行业发展未来方向的智能网联汽车，对新学科、新型人才的需求更加迫切。

职业院校的汽车生产制造类专业为汽车生产制造行业的发展培养了大量高技能应用型人才。但是，随着汽车行业的发展，汽车制造生产类专业的教学目标、教学内容，必须要及时更新才能符合企业生产实际，适应市场需求。

因此，本教材紧跟行业、企业发展，结合实际用人需求，与企业进行合作，共建共享优质教学资源，提供多种形式线上资源，对智能汽车传感器进行分类归纳，对其应用与检测进行介绍。为方便学生学习，本教材将内容进行模块化设计，分为智能汽车传感器认知，温度传感器的应用与检测，气体传感器的应用与检测，压力传感器的应用与检测，位置、速度与角度传感器的应用与检测，超声波传感器的应用与检测，毫米波雷达的应用与检测，激光雷达的应用与检测，视觉传感器的应用与标定，其他传感器的应用与检测 10 个模块，每个模块采用情境引入、任务驱动等多种方式进行编写。通过相关模块的学习，学生能够掌握智能汽车传感器的相关知识与技能，同时提升安全操作、沟通表达、团结协作等综合能力，培养职业素养。

  人才是第一资源、创新是第一动力。本教材贯彻落实党的二十大精神,在编写的过程中,根据智能网联汽车行业发展创新教材内容,引入智能网联汽车传感器相关关键技术,融入课程思政元素,聚焦培养智能网联汽车相关领域人才,坚持为党育人、为国育才,提高职业院校智能网联汽车相关专业人才培养质量,努力培养更多智能网联汽车领域大师、大国工匠、高技能人才。

  本书由赵宇、李文娜、郝俊担任主编,侯丽春、于尧、蔡育展担任副主编,参加编写的还有王小毓、刘欢、王开石、吴红艳等。

  本书检索了大量汽车网站的相关知识,参考了大量的文献,在此对文献作者表示诚挚谢意!

  由于智能汽车技术还处于发展阶段,且编者水平有限,书中难免有不足之处,敬请广大读者批评指正,以便修订时改进。

编  者

# 课程任务与能力矩阵（前言）

| 《智能汽车传感器应用与检测》学习任务图表 | | |
|---|---|---|
| 模块名称 | 任务名称 | 难度描述 |
| 模块一 智能汽车传感器认知 | 任务1 传感器在汽车中的发展 | 智能网联汽车测试装调职业等级初级 |
| | 任务2 传感器的组成及分类 | 智能网联汽车测试装调职业等级初级 |
| | 任务3 智能汽车传感器的应用 | 智能网联汽车测试装调职业等级初级 |
| 模块二 温度传感器的应用与检测 | 任务1 温度传感器的认知 | 智能网联汽车测试装调职业等级初级 |
| | 任务2 温度传感器的应用 | 智能网联汽车测试装调职业等级中级 |
| | 任务3 温度传感器的检测 | 智能网联汽车测试装调职业等级中级 |
| 模块三 气体传感器的应用与检测 | 任务1 空气流量传感器的认知 | 智能网联汽车测试装调职业等级初级 |
| | 任务2 空气流量传感器的检测 | 智能网联汽车测试装调职业等级中级 |
| | 任务3 气体浓度传感器的认知 | 智能网联汽车测试装调职业等级初级 |
| | 任务4 气体浓度传感器的检测 | 智能网联汽车测试装调职业等级中级 |
| 模块四 压力传感器的应用与检测 | 任务1 压力传感器的认知 | 智能网联汽车测试装调职业等级初级 |
| | 任务2 进气压力传感器的原理与检测 | 智能网联汽车测试装调职业等级中级 |
| | 任务3 机油压力开关传感器认知及原理 | 智能网联汽车测试装调职业等级初级 |
| | 任务4 制动液压力传感器的认知及原理 | 智能网联汽车测试装调职业等级初级 |
| | 任务5 其他压力传感器的认知 | 智能网联汽车测试装调职业等级初级 |
| 模块五 位置、速度与角度传感器的应用与检测 | 任务1 位置、速度与角度传感器的认知 | 智能网联汽车测试装调职业等级初级 |
| | 任务2 霍尔式位置、速度与角度传感器应用与检测 | 智能网联汽车测试装调职业等级中级 |
| | 任务3 电磁式位置、速度与角度传感器应用与检测 | 智能网联汽车测试装调职业等级中级 |
| | 任务4 光电式位置、速度与角度传感器应用与检测 | 智能网联汽车测试装调职业等级中级 |

续表

| 《智能汽车传感器应用与检测》学习任务图表 | | |
|---|---|---|
| 模块名称 | 任务名称 | 难度描述 |
| 模块六 超声波传感器的应用与检测 | 任务1 超声波的认知 | 智能网联汽车测试装调职业等级初级 |
| | 任务2 超声波传感器的认知 | 智能网联汽车测试装调职业等级初级 |
| | 任务3 超声波传感器的应用 | 智能网联汽车测试装调职业等级初级 |
| | 任务4 超声波传感器的安装与调试 | 智能网联汽车测试装调职业等级中级 |
| 模块七 毫米波雷达的应用与检测 | 任务1 毫米波的认知 | 智能网联汽车测试装调职业等级初级 |
| | 任务2 毫米波雷达的认知 | 智能网联汽车测试装调职业等级初级 |
| | 任务3 毫米波雷达的工作原理 | 智能网联汽车测试装调职业等级初级 |
| | 任务4 毫米波雷达的应用 | 智能网联汽车测试装调职业等级初级 |
| | 任务5 毫米波雷达的安装与调试 | 智能网联汽车测试装调职业等级中级 |
| 模块八 激光雷达的应用与检测 | 任务1 激光的认知 | 智能网联汽车测试装调职业等级初级 |
| | 任务2 激光雷达的认知 | 智能网联汽车测试装调职业等级初级 |
| | 任务3 激光雷达的工作原理 | 智能网联汽车测试装调职业等级初级 |
| | 任务4 激光雷达的应用 | 智能网联汽车测试装调职业等级初级 |
| | 任务5 激光雷达的安装与调试 | 智能网联汽车测试装调职业等级中级 |
| 模块九 视觉传感器的应用与标定 | 任务1 视觉传感器的认知 | 智能网联汽车测试装调职业等级初级 |
| | 任务2 视觉传感器的工作原理 | 智能网联汽车测试装调职业等级初级 |
| | 任务3 视觉传感器的应用 | 智能网联汽车测试装调职业等级中级 |
| | 任务4 视觉传感器的安装与标定 | 智能网联汽车测试装调职业等级中级 |
| 模块十 其他传感器的应用与检测 | 任务1 日照传感器原理与检测 | 智能网联汽车测试装调职业等级初级 |
| | 任务2 加速度传感器原理与检测 | 智能网联汽车测试装调职业等级初级 |
| | 任务3 刮水器传感器原理与检测 | 智能网联汽车测试装调职业等级初级 |

说明:

本课程任务图表以智能网联汽车测试装调职业等级为标准,以服务客户为理念,按照智能汽车传感器安装与调试岗位实际工作任务和流程设计。

# 目 录

**模块一 智能汽车传感器认知** ……………………………………………………… 1
  任务 1　传感器在汽车中的发展 …………………………………………………… 2
  任务 2　传感器的组成及分类 ……………………………………………………… 6
  任务 3　智能汽车传感器的应用 …………………………………………………… 13

**模块二 温度传感器的应用与检测** ……………………………………………… 17
  任务 1　温度传感器的认知 ………………………………………………………… 18
  任务 2　温度传感器的应用 ………………………………………………………… 24
  任务 3　温度传感器的检测 ………………………………………………………… 29

**模块三 气体传感器的应用与检测** ……………………………………………… 33
  任务 1　空气流量传感器的认知 …………………………………………………… 34
  任务 2　空气流量传感器的检测 …………………………………………………… 40
  任务 3　气体浓度传感器的认知 …………………………………………………… 46
  任务 4　气体浓度传感器的检测 …………………………………………………… 51

**模块四 压力传感器的应用与检测** ……………………………………………… 55
  任务 1　压力传感器的认知 ………………………………………………………… 56
  任务 2　进气压力传感器的原理与检测 …………………………………………… 61
  任务 3　机油压力开关传感器的认知及原理 ……………………………………… 66
  任务 4　制动液压力传感器的认知及原理 ………………………………………… 68
  任务 5　其他压力传感器的认知 …………………………………………………… 71

## 模块五　位置、速度与角度传感器的应用与检测 ······ 75

　　任务1　位置、速度与角度传感器的认知 ······ 76
　　任务2　霍尔式位置、速度与角度传感器应用与检测 ······ 80
　　任务3　电磁式位置、速度与角度传感器应用与检测 ······ 86
　　任务4　光电式位置、速度与角度传感器应用与检测 ······ 91

## 模块六　超声波传感器的应用与检测 ······ 96

　　任务1　超声波的认知 ······ 97
　　任务2　超声波传感器的认知 ······ 102
　　任务3　超声波传感器的应用 ······ 106
　　任务4　超声波传感器的安装与调试 ······ 110

## 模块七　毫米波雷达的应用与检测 ······ 116

　　任务1　毫米波的认知 ······ 117
　　任务2　毫米波雷达的认知 ······ 119
　　任务3　毫米波雷达的工作原理 ······ 124
　　任务4　毫米波雷达的应用 ······ 128
　　任务5　毫米波雷达的安装与调试 ······ 134

## 模块八　激光雷达的应用与检测 ······ 139

　　任务1　激光的认知 ······ 140
　　任务2　激光雷达的认知 ······ 143
　　任务3　激光雷达的工作原理 ······ 151
　　任务4　激光雷达的应用 ······ 155
　　任务5　激光雷达的安装与调试 ······ 158

## 模块九　视觉传感器的应用与标定 ······ 162

　　任务1　视觉传感器的认知 ······ 163
　　任务2　视觉传感器的工作原理 ······ 166
　　任务3　视觉传感器的应用 ······ 168
　　任务4　视觉传感器的安装与标定 ······ 172

## 模块十　其他传感器的应用与检测 ······ 177

　　任务1　日照传感器原理与检测 ······ 178
　　任务2　加速度传感器原理与检测 ······ 182
　　任务3　刮水器传感器原理与检测 ······ 186

# 模 块 一

# 智能汽车传感器认知

| 学习任务与能力矩阵 ||
| --- | --- |
| 任务 | 能力 |
| 任务1：传感器在汽车中的发展 | 能够掌握汽车各个部分中的传感器名称；<br>能够掌握传感器汽车中的位置。 |
| 任务2：传感器的组成及分类 | 能够掌握传感器的定义及特性；<br>能够掌握传感器的工作原理。 |
| 任务3：智能汽车传感器的应用 | 能够掌握智能汽车中传感器的常见应用。 |

 **任务 1　传感器在汽车中的发展**

## 一、任务信息

| 课程 | 《智能汽车传感器应用与检测》 | |
|---|---|---|
| 模块 | 模块一：智能汽车传感器认知 | |
| | 任务1：传感器在汽车中的发展 | |
| 任务难度 | 初级 | |
| 学时 | 1学时 | 班级 |
| 成绩 | | 日期 |
| 姓名 | | 教师签名 |
| 案例导入 | 　　不论在我们在开车还是坐车的过程中，都会有过以上的体验。比如：副驾驶有人没系好安全带，车内会出现报警的声音；如在开车的过程中会实时看到车辆行驶的车速；如乘客下车时没有关好车门与后备箱车辆都会发生报警；再比如近年来非常火的无人驾驶汽车，车辆是如何感知周围的环境、如何进行自主避障、如何实现车联网，以上的这些情形的发生都离不开车辆上的传感器，都是通过传感器检测其信号，然后再对人进行相应的提醒，那么，车辆中的传感器都有哪些呢？都有什么功用？都是何种原理？我们今天就先学习一下传感器在汽车中的发展。 | |
| 能力目标 | 知识 | 能够掌握车辆传感器的名称；<br>能够掌握车辆传感器的发展情况 |
| | 技能 | 能够简述出车辆传感器在车辆中的位置 |
| | 素养 | 能够进行团队协作；<br>能够具有严谨的工作态度；<br>能够具有自我解决问题的能力 |
| 课程思政点 | 讲解民族汽车奋斗历程 | |

## 二、任务流程（以工作流程为标准）

### （一）任务准备

课前预习内容，二维码，线上资源。

## （二）任务实施

任务 1.1：学习车辆传感器的分类，并完成以下内容。

1. 工作表：传感器的定义

> 1. 什么是传感器？
> _____
> _____
> 2. 传感器的特性是什么？
> _____
> _____
> 3. 传感器的标定？
> _____
> _____

2. 参考信息

汽车传感器是汽车计算机系统的输入装置，它把汽车运行中各种工况信息，如车速、各种介质的温度、发动机运转工况等，转化成电讯号输给计算机，以便发动机处于最佳工作状态。汽车上传感器种类很多，配置的数量也不一样，有低配版和高配版的区别，早期的汽车传感器只有几种，如压力传感器、流量传感器等。随着科技的发展，现在有的高级轿车上汽车传感器多达几十种，数量更是达到一百多个。

在 20 世纪 60 年代，汽车上仅有机油压力传感器、油量传感器和水温传感器，它们与仪表或指示灯连接。进入 70 年代后，增加了一些传感器来帮助控制汽车的动力系统，因为同期出现的催化转换器、电子点火和燃油喷射装置需要这些传感器来维持一定的空燃比以控制排放。80 年代，防抱死制动装置和气囊提高了汽车安全性。在动力系统中，有用来测定各种流体的温度传感器和压力传感器；有用来确定各部分速度和位置的传感器；还有用于测量发动机负荷、爆震、断火及废气中含氧量的传感器；确定座椅位置的传感器；在防抱死制动系统和悬架控制装置中测定车轮转速、路面高差和轮胎气压的传感器；保护前排乘员的气囊，不仅需要较多的碰撞传感器和加速度传感器，还需要乘员位置、体重等传感器来保证其及时和准确的工作。面对企业提供的侧置、顶置式气囊以及更精巧的侧置头部气囊，还要增加传感器。随着研究人员用防撞传感器来判断和控制汽车的侧向加速度、每个车轮的瞬时速度及所需的转矩，使制动系统成为汽车稳定性控制系统的一个组成部分。

随着传感器向电子化和数字化方向发展，传感器的输出值将得到更多的相关利用。为此，企业在开发更具有电子化、信息化传感器现代汽车技术发展特征之一就是越来越多的部件采用电子控制。

图 1-1　不同类型传感器

传感器是一种检测装置，能感受到被测量的信息，并能将感受到的信息，按一定规律变换成为电信号或其他所需形式的信息输出，以满足信息的传输、处理、存储、显示、记录和控制等要求。当然"没有传感器技术就没有现代科学技术"的观点现在已为全世界所公认。科学技术越发达，自动化程度越高，对传感器的依赖性就越大。所以国内外都将传感器技术列为重点发展的高技术。

图 1-2　传感器的类比

传感器的标定：

标定是指利用标准设备产生已知非电量（标准量），或用基准量来确定传感器输出电量与非电输入量之间关系的过程。标定系统的组成：一般由被测非电量的标准发生器，被测非电量的标准测试系统，待标定传感器所配接的信号调节器和显示器、记录器等组成。静态标定：指输入已知标准非电量，测出传感器的输出，给出标定曲线，标定方程和标定常数，计算灵敏度、线性度、滞差、重复性等传感器的静态指标。动态标定：用于确定动态性能指标。通过确定其线性工作范围（用同一频率不同幅值的正弦信号输入传感器，测量其输出）、频率响应函数、幅频特性和相频特性曲线、阶跃响应曲线来确定传感器的频率响应范围、幅值误差和相位误差、时间常数、阻尼比、固有频率等。

传感器的校准：

传感器需定期检测其基本性能参数，判定是否可以继续使用，如能继续使用，则应对其有变化的主要指标（如灵敏度）进行数据修正，确保传感器的测量精度的过程，称为传感器的校准。

汽车传感器过去单纯用于发动机上，现在已经扩展到底盘、车身和灯光电气系统上了。这些系统采用的传感器有100多种。在种类繁多的传感器中，常见的如图1-3所示：

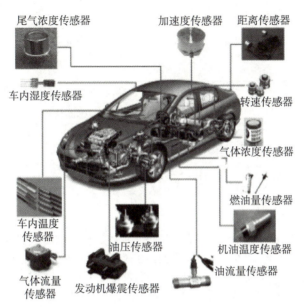

图 1-3　车辆传感器全车分布

## 三、参考书目

| 序列 | 书名，材料名称 | 说明 |
|---|---|---|
| 1 | 《智能汽车传感器技术》 | 机械教育出版社 |
| 2 | 维修手册 | |

学生笔记：

_____
_____
_____
_____

# 任务 2　传感器的组成及分类

## 一、任务信息

| 课程 | 《智能汽车传感器应用与检测》 | |
|---|---|---|
| 模块 | 模块一：智能汽车传感器认知 | |
| | 任务 2：传感器的组成及分类 | |
| 任务难度 | 初级 | |
| 学时 | 2 学时 | 班级 |
| 成绩 | | 日期 |
| 姓名 | | 教师签名 |
| 案例导入 | 人们为了从外界获取信息，必须借助于感觉器官。而单靠人们自身的感觉器官，在研究自然现象和规律以及生产活动中它们的功能就远远不够了。为适应这种情况，就需要传感器。因此可以说，传感器是人类五官的延长，又称之为电五官。那么，汽车传感器也是车辆传感器中的重要组成部分，汽车传感器是汽车计算机系统的输入装置，它们把汽车运行中的各种工况信息，如车速、温度、胎压、油压、发动机运转工况等，转化成电信号输送给汽车 ECU，从而控制汽车各部件的运行，以便发动机处于最佳工作状态。我们上节课学习了汽车传感器的分布，这节课主要学习一下汽车传感器的分类与工作原理。 | |
| 能力目标 | 知识 | 能够掌握传感器的定义；<br>能够掌握车辆传感器分类；<br>能够掌握车辆传感器的功用 |
| | 技能 | 能够掌握传感器的组成 |
| | 素养 | 能够进行团队协作；<br>能够具有严谨的工作态度；<br>能够具有自我解决问题的能力 |
| 课程思政点 | 传感器的核心技术应该掌握在自己手中 | |

## 二、任务流程（以工作流程为标准）

### （一）任务准备

课前预习内容，二维码，线上资源。

## （二）任务实施

**任务 2.1：学习传感器的组成，并完成以下内容。**

1. 工作表：传感器组成

```
1. 传感器的特点？
_____
_____

2. 传感器的组成？
_____
_____

3. 什么是信号调理电路？
_____
_____
_____
```

2. 参考信息

传感器的特点包括：微型化、数字化、智能化、多功能化、系统化、网络化。它是实现自动检测和自动控制的首要环节。传感器的存在和发展，让物体有了触觉、味觉和嗅觉等感官，让物体慢慢变得活了起来。通常根据其基本感知功能分为热敏元件、光敏元件、气敏元件、力敏元件、磁敏元件、湿敏元件、声敏元件、放射线敏感元件、色敏元件和味敏元件等十大类。

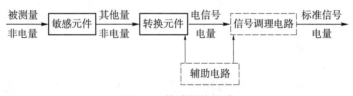

图 1-4　传感器的组成

敏感元件（预变换器）：是指传感器中能直接感受或响应被测量（非电量）并输出与之成确定关系的其他量（非电量）的部分。

转换元件：是指传感器中能将敏感元件感受或响应到的被测量转换成适于传输或测量的可用输出信号（一般为电信号）的部分。

信号调理电路：是能把转换元件输出的电信号转换为便于显示、记录、处理和控制的有用电信号的电路。

辅助电路：通常指电源，即交、直流供电系统。

传感器的性能及要求：

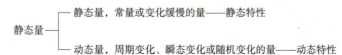

要求：主要要求有高精度、低成本、高灵敏度、稳定性好、工作可靠、抗干扰能力强、动态特性良好、结构简单、使用维护方便、功耗低等。

**任务2.2：学习传感器的分类，并完成以下内容**

1. 工作表：传感器的分类

---
1. 传感器按照输入量分有几种？

2. 传感器在汽车上主要分几大类？

3. 传感器技术的特点？

---

2. 参考信息

传感器的种类繁多，往往同一种被测量可以用不同类型的传感器来测量，而同一原理的传感器又可测量多种物理量，因此传感器有许多种分类方法。在汽车上传感器主要分为三大类：发动机传感器、底盘传感器与车身传感器。

汽车传感器根据使用功能大致分为两类：一类是为驾驶员提供警示，使其更好的了解汽车状态的传感器，例如仪表和指示灯用到的相关传感器；另一类是检测汽车行驶状态的传感器，例如车速传感器、加速度传感器、温度传感器、位置传感器等。

传感器的种类繁多，除此种分类方法外，还可以从转换原理、用途、材料、输入量、输出信号等方面进行分类。

1）根据工作原理分类

按传感器的工作原理，可分为物理传感器、化学传感器等。物理传感器利用的是物理效应，如光电式传感器、电感式传感器、压电式传感器、电阻式传感器、电容式传感器等；化学传感器包括那些以化学吸附、电化学反应等现象为因果关系的传感器，被测信号量的微小变化也将转换成电信号，如气体传感器、湿度传感器、离子传感器等。

2）根据用途分类

按用途分类，有压力敏和力敏传感器、位置传感器、液面传感器、能耗传感器、速度传感器、加速度传感器、射线辐射传感器、振动传感器、热敏传感器、湿敏传感器、气敏传感器、真空度传感器和生物传感器等。

3）根据材料分类

按使用材料的不同分类，有半导体传感器、陶瓷传感器、石英传感器、光导纤维传感器、金属传感器、有机材料传感器、高分子材料传感器等

4）根据输入量分类

按输入量分类，可分为位移传感器、速度传感器、加速度传感器、力传感器、温度传

感器、流量传感器、浓度传感器等。

5）根据输出信号分类

按输出信号分类，可分为模拟式传感器和数字式传感器。模拟式传感器输出模拟信号，数字式传感器输出数字信号。

传感器技术的特点：内容范围广且离散；知识密集程度甚高；边缘学科色彩极浓；技术复杂、工艺要求高；功能优、性能好；品种繁多、应用广泛。

**任务 2.3：学习发动机传感器的特性，完成以下内容。**

1. 工作表：发动机传感器

| |
|---|
| 1. 说出发动机传感器的分类？ |
| |
| |
| 2. 说出进气压力传感器功用？ |
| |
| |
| 3. 说出冷却液温度传感器的功用？ |
| |
| |

2. 参考信息

发动机控制系统主要有温度传感器、压力传感器、转速和角度传感器、流量传感器、位置传感器、气体浓度传感器、爆震传感器等。

进气压力传感器以真空管连接进气歧管，随着引擎不同的转速负荷，感应进气歧管内的真空变化，再从感知器内部电阻的改变，转换成电压信号，供 ECU 修正喷油量和点火正时角度。电喷发动机中采用进气压力传感器来检测进气量的称为 D 型喷射系统。进气压力传感器检测进气量不是像进气流量传感器那样直接检测，而是采用间接检测。

图 1-5　安装位置

进气压力传感器检测的是节气门后方的进气歧管的绝对压力,它根据发动机转速和负荷的大小检测出歧管内绝对压力的变化,然后转换成信号电压送至发动机控制单元(ECU),ECU依据此信号电压的大小,控制基本喷油量的大小。

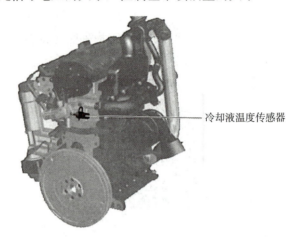

图 1-6 冷却液温度传感器

图 1-6 是冷却液温度传感器一般安装在电喷发动机的缸体缸盖的水套及上出水管、节温器等处,主要用于检测冷却液温度,将温度信号转换为电信号输入给发动机 ECU,ECU 对发动机的喷油量和点火时刻进行修正。

**任务 2.4:学习底盘传感器,并完成以下内容**

1. 工作表:底盘传感器

---

1. 说出底盘传感器的分类?
_____
_____

2. 说出里程表传感器功用?
_____
_____

3. 说出曲轴位置传感器种类?
_____
_____
_____
_____

---

2. 参考信息

底盘控制系统车速传感器、加速度传感器、车身高度传感器、方向盘转角传感器、转矩传感器、发动机转速传感器、温度传感器、压力传感器等。

(1)里程表传感器

在差速器或者半轴上面的传感器,来感觉转动的圈数,里程表传感器一般用霍尔,光电两个方式来检测信号，其目的利用里程表记数可有效地分析判断汽车的行驶速度和里程，因为半轴和车轮的角速度相等，已知轮胎的半径，直接通过里程参数来计算。在传动轴上设计两个轴承，大大减轻了运行中的力距，减少了摩擦力，增强了使用寿命；由原来的动态检测信号改为齿轮运转式检测信号；由原来直插式垂直变速箱改为倒角式接口变速箱。里程表传感器插头一般是在变速箱上，有的打开发动机盖可以看到，有的要在地沟操作。

图 1-7　里程表传感器

（2）车身高度传感器

车身高度传感器的作用是把车身高度（汽车悬架装置的位置量）转换为电信号送给悬架 ECU。高度传感器的数量与车上装备的电控空气悬架系统的类型有关。高度传感器的一端与车架连接，另一端装在悬架系统上。

图 1-8　车身高度传感器

在空气悬架上，高度传感器用于采集车身高度信息；在某些行驶平顺性控制系统上，高度传感器还用来探测悬架运动情况以确定是否需要硬阻尼。车身高度传感器可以是模拟式的，也可以是数字式的；可以是线位移式，也可以是角位移式的。

任务 2.5：学习车身传感器，并完成以下内容

1. 工作表：车身传感器

| |
|---|
| 1. 车身传感器的分类？ |
| |
| 2. 碰撞传感器的功用？ |
| |

2. 参考信息

车身传感器主要由温度传感器、风量传感器、日照传感器、安全气囊传感器、光传感器、雨刮器传感器、毫米波雷达、激光雷达、超声波传感器、图像传感器等。

碰撞传感器是安全气囊系统中的控制信号输入装置。其作用是在汽车发生碰撞时，由碰撞传感器检测汽车碰撞的强度信号，并将信号输入安全气囊电脑，安全气囊电脑根据碰撞传感器的信号来判定是否引爆充气元件使气囊充气。

碰撞传感器多数采用惯性式机械开关结构，相当一只控制开关，其工作状态取决于汽车碰撞时加速度的大小。按结构可分为机械式和电子式两种。机械式有滚球式、滚轴式、偏心球式。

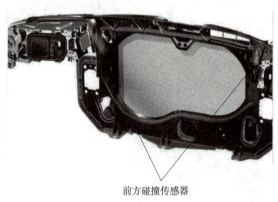

前方碰撞传感器

图 1-9　碰撞传感器的位置　　　　　图 1-10　碰撞传感器

碰撞传感器用于检测、判断汽车发生碰撞时的撞击信号，以便及时点爆安全气囊。

安全气囊系统一般由碰撞传感器、电控单元（ECU）、气囊模块（包括气体发生器、气囊、点火器）、监控装置、储备电源等组成。

传感器按其功能可分为碰撞信号传感器和碰撞防护传感器两种。碰撞防护传感器和碰撞信号传感器的结构原理基本相同，其区别在于设定的减速度阈值有所不同。

## 三、参考书目

| 序列 | 书名，材料名称 | 说明 |
| --- | --- | --- |
| 1 | 《智能汽车传感器技术》 | 机械教育出版社 |
| 2 | 维修手册 | |

学生笔记：
_____
_____

# 任务3　智能汽车传感器的应用

## 一、任务信息

| 课程 | 《智能汽车传感器应用与检测》 | | |
|---|---|---|---|
| 模块 | 模块一：智能汽车传感器认知 | | |
| | 任务3：智能汽车传感器的应用 | | |
| 任务难度 | 初级 | | |
| 学时 | 1学时 | 班级 | |
| 成绩 | | 日期 | |
| 姓名 | | 教师签名 | |
| 案例导入 | "这路真堵啊，如果车子能够自己开多好啊！"相信几乎所有开车的人在遇到严重堵车的时候都想过这个问题，如果车子能够自动驾驶，那车子将成为养精蓄锐的好地方，而这也是很多车厂宣传智能驾驶的典型场景之一。对于完全自动驾驶而言，愿景是美好的，然而现状是车厂大呼"臣妾做不到啊"。不能做到的最大问题在于车载传感器达不到要求。所以，现在汽车行业开始大力发展无人驾驶汽车，相应的传感器的应用越来越广泛。 | | |
| 能力目标 | 知识 | 能够掌握智能汽车中传感器的定义；<br>能够掌握智能汽车中传感器的分类；<br>能够掌握智能汽车中传感器的特性 | |
| | 技能 | 能够通过描述出其传感器在智能车的功用位置 | |
| | 素养 | 能够进行团队协作；<br>能够具有严谨的工作态度；<br>能够具有自我解决问题的能力 | |
| 课程思政点 | 传感器的核心技术应该掌握在自己手中 | | |

## 二、任务流程（以工作流程为标准）

### （一）任务准备

课前预习内容，二维码，线上资源。

## (二)任务实施

**任务 3.1:** 学习车载激光雷达传感器,并完成以下内容。

1. 工作表:车载激光雷达传感器

| |
|---|
| 1. 车载激光雷达传感器位置及功用? |
| |
| |
| 2. 车载激光雷达传感器特点? |
| |
| |
| 3. 车载激光雷达传感器的种类? |
| |
| |

2. 参考信息

车载激光雷达又称车载三维激光扫描仪,是一种移动型三维激光扫描系统,是城市建模的最有效的工具之一。可以通过发射激光束探测目标的位置、速度等来检测车辆附近的障碍物,如这台欧拉智能网联小车上的车顶上装有车载三维激光雷达,可以高速旋转,以获得周围空间的点云数据,从而实时绘制出车辆周边的三维空间地图;同时,激光雷达还可以测量出周边其他车辆在三个方向上的距离、速度、加速度、角速度等信息,再结合 GPS 地图计算出车辆的位置,这些庞大丰富的数据信息传输给 ECU 分析处理后,以供车辆快速做出判。

图 1-11 激光雷达传感器

激光雷达按有无机械旋转部件分类,包括机械激光雷达和固态激光雷达。机械激光雷达带有控制激光发射角度的旋转部件,通过多束激光竖列而排,绕轴进行 360°旋转,每一束激光扫描一个平面，纵向叠加后呈现出三维立体图形。固态激光雷达摒弃了原有的机械扫描方式，采用相控阵原理，有许多个固定的细小光束组层，通过每个阵元点产生光束的相位与幅度，以此强化光束在指定方向上的强度，并压抑其他方向的强度，从而实现让光束的方向发生改变。

激光雷达也可以以线束来划分，分为单线束和多线束激光雷达。单线束雷达扫描一次只产生一条扫描线，因此其生成的还是平面信息，但是测量速度快，多倍用于地形测绘等方面；多线束激光雷达扫描视角更大，数据也更为精确，因此目前市面上的激光雷达产品有 4 线束、8 线束、16 线束、32 线束、64 线束以及 128 线束。

激光雷达的优点包括测量精度更高，同时响应速度也更灵敏，不受环境光的影响，可全天时工作，抗干扰能力强。当然，激光雷达也有自己的缺点，第一个要提的就是价格高，虽然固态激光雷达出现后有效地控制了成本，但是相较于其他传感器而言，激光雷达的价格依然是昂贵的。

任务 3.2：学习车载视觉传感器，并完成以下内容。

1. 工作表：车载视觉传感器

1. 车载视觉传感器位置及功用？
_____
_____

2. 车载视觉传感器特点？
_____
_____

3. 车载视觉传感器的种类？
_____
_____

2. 参考信息

车载视觉传感器可以辅助激光雷达传感器将探测目标进行三维绘制，更加准确判断障碍物的情况。主要由光源、镜头、图像传感器、模数转换器、图像处理器、图像存储器等组成。其主要功能是获取足够的机器视觉系统要处理的原始图像。把光、摄像机、图像处理器、标准的控制与通信接口等集成一体的视觉传感器常称为一个智能图像采集与处理单元。）在视野范围内可以同时实现道路测试、车辆检测、行人检测、交通标志检测、交通信号灯检测等，信息获取面积大。当多辆智能网联汽车同时工作时，不会出现相互干扰的现象，安装在欧拉小车的后视镜处。

车载视觉传感器的结构由支架、保护膜、前壳、镜片、滤光片、CMOS、PCBA、摄像头模组、信

图 1-12　车载视觉传感器

息传输、DSP 和连接器、封装材料等组成。

载摄像头可以描绘物体的外观和形状、读取标志等，这些功能其他传感器无法做到。从降低成本的角度看摄像头是识别用传感器的有力候补之一，在一切清晰的情况下当然摄像头是最好的选择，但是受环境因素以及外部因素影响较大，比如隧道中光线不足，天气因素导致的视线缩小等。采集图像信息的重要工具，部分类似路标识别、车道线感应等功能智能由摄像头实现。目前摄像头的应用主要有：单目摄像头、后视摄像头、立体摄像头或称双目摄像头、环视摄像头。

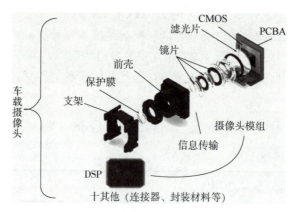

图 1-13　车载传感器组成

全景式监控影像系统 AVM（Around View Monitor），车身四周的摄像头分别拍摄汽车前后左右的图像，通常为 4 个摄像头。图像被图像采集部件转换成数字信息送至视频合成/处理部件，视频合成/处理部件处理后的图像经由数字图像处理部件处理后转换成模拟信号输出，在安装于汽车内部的车载显示器上生成汽车及其周边环境的全景图像信息。摄像头和超声波雷达的融合，实现全自动泊车。

## 三、参考书目

| 序列 | 书名，材料名称 | 说明 |
|---|---|---|
| 1 | 《智能汽车传感器技术》 | 机械教育出版社 |
| 2 | 维修手册 | |

学生笔记：

# 模块二

# 温度传感器的应用与检测

| 学习任务与能力矩阵 ||
| --- | --- |
| 任务 | 能力 |
| 任务1　温度传感器的认知 | 能够掌握温度传感器的分类与特点；<br>能够掌握温度传感器的测温原理 |
| 任务2　温度传感器的应用 | 能够掌握汽车上温度传感器的应用；<br>能够掌握汽车上温度传感器的电路连接 |
| 任务3　温度传感器的检测 | 能够掌握温度传感器的检测手段；<br>能够掌握不同系统温度传感器的检测步骤 |

# 任务 1 温度传感器的认知

## 一、任务信息

| 课程 | 智能汽车传感器应用与检测 | | |
|---|---|---|---|
| 模块 | 模块二 温度传感器的应用与检测 | | |
| 任务 1 温度传感器的认知 | | | |
| 任务难度 | 初级 | | |
| 学时 | 1学时 | 班级 | |
| 成绩 | | 日期 | |
| 姓名 | | 教师签名 | |
| 案例导入 | 温度传感器是检测某种介质温度的传感器，传感器的任务是将温度信号转化为电信号，传感器的重要组成部分是感温物质，什么样的感温物质能够对温度特别敏感呢？感温后又是如何转变为电信号的呢？ | | |
| 能力目标 | 知识 | 能够掌握温度传感器的分类与特点；<br>能够掌握温度传感器的测温原理 | |
| | 技能 | 能够自行查找温度传感器的相关资料 | |
| | 素养 | 能够进行团队协作；<br>能够具有严谨的工作态度 | |
| 课程思政点 | 树立安全意识 | | |

## 二、任务流程（以工作流程为标准）

### （一）任务准备

课前预习温度传感器的作用、分类、特点与原理。

## (二)任务实施

**任务 1.1** 学习温度传感器分类与特点,并完成以下内容

1. 工作表:温度传感器的分类与特点

(1)温度传感器有哪几种?
_____
_____
_____
_____

(2)列举不同温度传感器的特点。
_____
_____
_____
_____
_____

2. 参考信息

1)温度传感器分类

温度传感器是指能感受温度并转换成可用输出信号的传感器。按测量方式可分为接触式和非接触式两大类,按照传感器材料及电子元件特性分为热电偶、热敏电阻、辐射测温、电阻和 IC(集成电路)温度传感器。

温度是介质能量状态的参数,它与时间、地点有关:

$$T=T(x, y, z, t) \tag{2-1}$$

式中,$x,y,z$ 表示空间坐标;$t$ 表示时间;$T$ 表示温度。

在气体、液体测量介质中,在各检测点测量一般没有什么问题。在固体上测量,大多限于表面测量,经常使用的温度传感器需与测量介质直接、紧密地接触,如接触式热电偶温度传感器,以尽可能精确地测量介质温度。在某些情况下也使用无接触式的温度传感器,这种温度传感器测定温度是依据物体或介质的热辐射或红外辐射,如高温传感器和热成像温度传感器。为便于安装传感器和测量的快速响应,温度传感器应尽可能小,即它的热容量或热惯性应尽可能小。

2)温度传感器的特点

接触式传感器直接与被测物体接触进行温度测量,由于被测物体的热量传递给传感器,降低了被测物体温度,特别是被测物体热容量较小时,测量精度较低。因此采用这种方式测得物体的真实温度的前提条件是被测物体的热容量要足够大。非接触式温度传感器利用被测物体热辐射而发出红外线,从而测量物体的温度,可进行遥测,其制造成本较高,测量精度却较低。优点是不从被测物体上吸收热量;不会干扰被测对象的温度场;连续测量不会产生消耗,反应快等。各典型温度传感器特点如下。

（1）热电偶温度传感器。

热电偶传感器装配简单，更换方便，是压簧式感温元件，抗振性好。它的测量范围大，一般是 –200~1 300℃，特殊情况下最低测量温度可达 –270℃，最高测量温度达 2 800℃。除此之外，热电偶传感器机械强度高，耐压性好，制作工艺简单，价格便宜，在许多领域都能见到它的身影。图 2-1 所示为热电偶外形及组成结构。

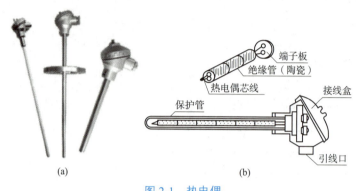

图 2-1　热电偶
(a) 外形；(b) 组成结构

（2）热敏电阻式温度传感器。

热敏电阻是敏感元件的一类，热敏电阻的电阻值会随着温度的变化而改变，与一般的固定电阻不同，属于可变电阻的一类，广泛应用于各种电子元器件中。不同于电阻温度计使用纯金属，在热敏电阻器中使用的材料通常是陶瓷或聚合物。正温度系数热敏电阻器在温度越高时电阻值越大，负温度系数热敏电阻器在温度越高时电阻值越低，它们同属于半导体器件。热敏电阻通常在有限的温度范围内实现较高的精度，通常是 –90~130℃。图 2-2 所示为热敏电阻式温度传感器。

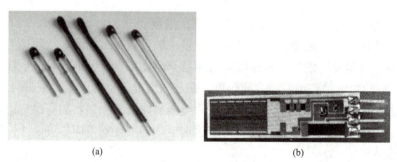

图 2-2　热敏电阻式温度传感器
(a) 金属烧结型；(b) 薄膜型

（3）电阻式温度传感器。

电阻式温度检测器是最准确的温度传感器之一，它不仅提供良好的精度，也提供了出色的稳定性和可重复性。纯金属是热电阻的主要制造材料，热电阻的材料应具有以下特性：① 电阻温度系数要大而且稳定，电阻值与温度之间应具有良好的线性关系。② 电阻率高，热容量小，反应速度快。③ 材料的复现性和工艺性好，价格低。④ 在测温范围内化学物理特性稳定。目前，在工业中应用最广的铂和铜，是标准测温热电阻的主要材料。

电阻式温度传感器还能防止电气噪声，因此非常适合在工业环境中的温度测量，特别是在电动机和发电机及其他高压设备的周围使用。图 2-3 所示为电阻式温度传感器。

（4）IC 温度传感器。

IC 温度传感器即集成温度传感器，包含模拟传感器和数字传感器，传感器集成了信号处理电路，输出与温度相对应的模拟电压或者占空比信号，适用于多点温度测量和远距离温度测量的控制，广泛被用于高精度场合。图 2-4 所示为集成温度传感器。

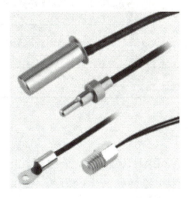

图 2-3　电阻式温度传感器

图 2-4　集成温度传感器

（5）辐射式温度传感器。

辐射式温度传感器利用一定温度物体的热辐射原理制成，辐射能随物体温度的变化而变化。检测时传感器不必和被测对象达到热平衡，响应时间短，检测速度快，适于快速测温。图 2-5 所示为辐射式温度传感器热成像效果。

图 2-5　辐射式温度传感器热成像

任务 1.2　学习不同类型温度传感器的测量原理，完成以下内容。

1. 工作表：温度传感器的测温原理

（1）简述热电偶测温原理。

_____
_____
_____
_____

（2）绘制两种热敏电阻温度传感器的测温电路。

_____
_____
_____

（3）简述热辐射温度传感器测温原理。

_____
_____
_____
_____

2. 参考信息

1）热电偶温度传感器原理

两种不同导体或半导体的组合称为热电偶，热电势 EAB（$T$，$T_0$）是由接触电势和温差电势合成的。接触电势是指两种不同的导体或半导体在接触处产生的电势，此电势与两种导体或半导体的性质及在接触点的温度有关。热电偶测温度的基本原理是：当有两种不同的导体和半导体 A 和 B 组成一个回路，其相互连接时，只要两结点处的温度不同，一端温度为 $T$，称为工作端，另一端温度为 $T_0$，称为自由端，则回路中就有电流产生，回路中存在的电动势称为热电动势。这种由于温度不同而产生电动势的现象称为塞贝克效应。根据热电动势与温度的函数关系可以求得温度。图 2-6 所示为热电偶温度传感器组成及原理示意图。

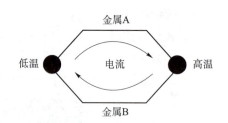

图 2-6　热电偶温度传感器组成及原理示意图

2）热敏电阻温度传感器

热敏电阻式温度传感器是汽车上常用的温度传感器，其工作原理是将热敏电阻连接到电路中，使其与固定阻值电阻组成串联分压或者桥式电阻电路，在电路中加恒定电压或通以恒定电流，通过检测热敏电阻的分压或者桥式电阻电路输出的电压变化，计算出热敏电阻值，进而推算出热敏电阻所接触介质的温度。图 2-7 所示为热敏电阻式温度传感器工作原理电路。

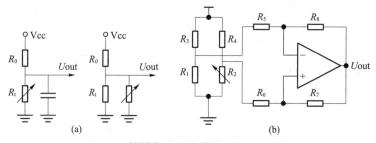

图 2-7　热敏电阻式传感器工作原理电路
（a）电阻串并联；（b）桥式电阻电路

3）辐射式温度传感器

辐射式温度传感器运用光电技术检测物体热辐射的红外线特定波段信号，将该信号转换成可供人类视觉分辨的图像和图形，并可以进一步计算出温度值。红外热成像传感器是辐射式温度传感器的一种，红外热成像技术使人类超越了视觉障碍，由此人们可以"看到"物体表面的温度分布状况。

物体表面温度如果超过绝对零度即会辐射出电磁波，随着温度变化，电磁波的辐射强度与波长分布特性也随之改变，波长在 0.75～1 000 μm 的电磁波称为"红外线"，而人类视觉可见的"可见光"在 0.4～0.75 μm。

其中波长为 0.78～2.0 μm 的部分称为近红外，波长为 2.0～1 000 μm 的部分称为热红外线。红外线在地表传送时，会受到大气组成物质（特别是 $H_2O$、$CO_2$、$CH_4$、$N_2O$、$O_3$ 等）的吸收，强度明显下降，仅在短波 3～5 μm 及长波 8～12 μm 的两个波段有较好的穿透率，通称大气窗口，大部分的红外热像仪就是针对这两个波段进行检测，计算并显示物体的表面温度分布。此外，由于红外线对极大部分的固体及液体物质的穿透能力极差，因此辐射式温度传感器是以测量物体表面的红外线辐射能量为主。

辐射式温度传感器测温方法主要有以下三种。

（1）比色测温法。

比色温度的定义：黑体在波长 $\lambda_1$ 和 $\lambda_2$ 下的光谱辐射能量之比等于被测体在这两个波长下的光谱辐射能量之比，此时黑体的温度称为被测体的比色温度。

（2）亮度测温法。

亮度温度的定义：某一被测体在温度为 $T$、波长为 $\lambda$ 时的光谱辐射能量，等于黑体在同一波长下的光谱辐射能量。此时黑体的温度称为该物体在该波长下的亮度温度。

（3）全辐射测温法。

全辐射测温的理论依据是斯忒藩—玻耳兹曼定律。全辐射温度的定义：当某一被测体的全波长范围的辐射总能量与黑体的全波长范围的辐射总能量相等时，黑体的温度 $T_b$ 就称为该被测体的全辐射温度。

# 三、参考书目

| 序列 | 书名，材料名称 | 说明 |
| --- | --- | --- |
| 1 | 《智能汽车传感器技术》 | 机械教育出版社 |
| 2 | 维修手册 | |

学生笔记：

# 任务 2　温度传感器的应用

## 一、任务信息

| 课程 | 智能汽车传感器应用与检测 | |
|---|---|---|
| 模块 | 模块二　温度传感器的应用与检测 | |
| | 任务 2　温度传感器的应用 | |
| 任务难度 | 中级 | |
| 学时 | 1 学时 | 班级 |
| 成绩 | | 日期 |
| 姓名 | | 教师签名 |
| 案例导入 | 汽车上多个系统有温度传感器，不同系统温度传感器采集温度信号的意义不同，但是多数温度传感器都是热敏电阻式传感器，请你在汽车上找一找温度传感器，研究一下各温度传感器与什么电控单元相连接 | |
| 能力目标 | 知识 | 能够掌握汽车上温度传感器的作用；<br>能够掌握汽车上温度传感器的类型 |
| | 技能 | 能够辨识车辆上的温度传感器 |
| | 素养 | 能够具有安全意识；<br>能够具有科学的工作态度 |
| 课程思政点 | 树立安全意识 | |

## 二、任务流程（以工作流程为标准）

### （一）任务准备

课前预习：汽车上哪些系统有温度传感器？为什么要有温度传感器？汽车上温度传感器的类型是怎样的？

## （二）任务实施

### 任务 2.1  学习汽车上温度传感器的作用与类型，并完成以下内容

1. 工作表：汽车上温度传感器的作用与类型

（1）汽车上哪几个系统有温度传感器？
_____
_____

（2）列举汽车上温度传感器的类型。
_____
_____
_____

2. 参考信息

汽车用温度传感器多数采用接触式的正温度系数或负温度系数的电阻式温度传感器。利用附加的不随温度变化的电阻或反向变化的电阻得到的分压作为信号电压。汽车上也有无接触式温度传感器，如用于开启安全气囊的成员座椅识别、被动安全系统的热成像传感器等。表 2-1 所示为汽车上测温介质及其温度范围。

表 2-1  汽车上测温介质及其温度范围

| 被测介质 | 测温范围 /℃ |
| --- | --- |
| 进气或增压空气 | –40 ~ 170 |
| 室外空气 | –40 ~ 60 |
| 室内空气 | –20 ~ 80 |
| 暖风通风口空气 | –20 ~ 60 |
| 空调蒸发器 | –10 ~ 50 |
| 发动机冷却液 | –40 ~ 130 |
| 发动机机油 | –40 ~ 170 |
| 燃油 | –40 ~ 120 |
| 轮胎内空气 | –40 ~ 120 |
| 废气 | 100 ~ 1 000 |
| 制动钳 | –40 ~ 2 000 |

1）发动机系统温度传感器

（1）发动机进气温度传感器。

发动机进气温度传感器的作用是测量进入进气歧管内气体的温度。在体积流量型进气系统中，电控单元（ECU）根据进气温度对喷油量进行修正，以获得最佳的空

燃比。进气温度传感器也有助于更准确地计算喷射量，空气温度决定了空气密度，冷空气与热空气体积相同时，冷空气质量较重，因此吸入冷空气时，燃烧室内的氧气较多，喷射时间也较长。图 2-8 所示为进气温度传感器，它实际就是一个负温度系数（NTC）热敏电阻，有两个引脚，直接连接到 ECU，与 ECU 内检测电路构成完整电路。

进气温度传感器通常安装在空气滤清器之后的进气软管上或空气流量传感器上，在部分涡轮增压发动机上与增压压力传感器集成在一起安装于涡轮增压器后方的增压进气管道上，有的还在空气流量传感器和谐振腔上各安装一个，以提高喷油量的控制精度。图 2-9 所示为某车型发动机进气温度传感器安装位置。

图 2-8 进气温度传感器

图 2-9 进气温度传感器安装位置

（2）发动机水温传感器（冷却液温度传感器）。

发动机水温传感器的作用是测量发动机冷却系统冷却液的温度，温度信号输入发动机控制单元，可以修正喷油量，当低温时增加喷油量；修正点火提前角，低温时增大点火提前角，高温时，为防止爆燃，减小点火提前角；影响怠速控制阀，低温时 ECU 根据水温传感信号控制怠速控制阀动作，提高速转。图 2-10 所示为发动机水温传感器，常用的发动机水温传感器也是 NTC 热敏电阻，温度升高，阻值减小。

发动机水温传感器一般安装在发动机缸体或缸盖的水套上，或者节温器处，图 2-11 所示为水温传感器安装位置，这里有两个水温传感器，两路水温信号分别送给仪表控制单元和发动机控制单元。

（3）机油温度传感器。

发动机机油温度传感器用来检测润滑系统中机油温度，根据机油温度判断系统工作是否正常，机油量是否充足。机油温度传感器也是 NTC 热敏电阻，工作原理与上述两种温度传感器类似。机油温度传感器安装在油底壳底部，如图 2-12 所示。

（4）废气再循环温度传感器。

废气再循环温度传感器安装在废气再循环管道上，用于测量废气再循环气体温度。当废气再循环阀开启时，所测温度上升，传感器告知电控单元废气再循环系统工作。

图 2-10 发动机水温传感器

图 2-11 发动机水温传感器安装位置

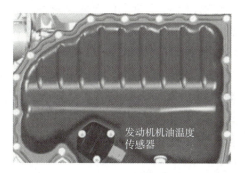

图 2-12 发动机机油温度传感器安装位置

2）空调系统温度传感器

汽车空调系统利用温度传感器检测车外温度、驾驶室出风口温度、蒸发器温度。

车外温度传感器一般由热敏电阻制成，当车外温度变化时其电阻发生改变。温度低时电阻大，温度高时电阻小。驾驶室出风口温度传感器一般采用薄膜型电阻式温度传感器，具有负温度系数特性。一般安装在各出风口叶片间，当气流迅速通过时，产生的真空将空气引经温度传感器。蒸发器温度传感器一般安装在蒸发器翼片上，以精确感应蒸发器的温度，同样采用热敏电阻制造，具有负温度系数特性。图 2-13 所示为空调蒸发器温度传感器，图 2-14 所示为蒸发器温度传感器电路原理图，热敏电阻式传感器与 ECU 内固定电阻组成串并联电路，ECU 内部控制器采集受热敏电阻阻值变化影响的固定阻值电阻上的分压信号，进而推算蒸发器工作温度。

图 2-13 空调蒸发器温度传感器

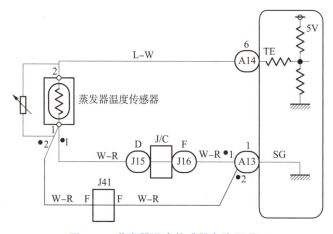

图 2-14 蒸发器温度传感器电路原理图

3）热成像温度传感器

汽车被动安全系统中有红外探测传感器，其原理是根据人体或动物的温度探测成像来发现道路上的障碍物，称为热图像温度传感器，车上常用的热图像温度传感器是热释电红外传感器。图 2-15 所示为热释电红外传感器外形。

人体都有恒定的体温，一般在 37℃，所以会发出特定波长 10 μm 左右的红外线，被动式红外探头就是靠探测人体发射的 10 μm 左右的红外线而进行工作的。人体发射的 10 μm 左右的红外线通过菲泥尔滤光片增强后聚集到红外感应源上。红外感应源通常采用热释电元件，这种元件在接收到人体红外辐射温度发生变化时就会失去电荷平衡，向外释放电荷，后续电路经检测处理后就能产生报警信号。

图 2-15　热释电红外传感器

这种探头是以探测人体辐射为目标的，所以热释电元件对波长为 10 μm 左右的红外辐射必须非常敏感。为了仅仅对人体的红外辐射敏感，在它的辐射照面通常覆盖有特殊的菲泥尔滤光片，使环境的干扰受到明显的控制作用。被动红外探头，其传感器包含两个互相串联或并联的热释电元。而且制成的两个电极化方向正好相反，环境背景辐射对两个热释元件几乎具有相同的作用，使其产生释电效应相互抵消，于是探测器无信号输出。一旦人侵入探测区域内，人体红外辐射通过部分镜面聚焦，并被热释电元接收，但是两片热释电元接收到的热量不同，热释电也不同，不能抵消，经信号处理而报警。

# 三、参考书目

| 序列 | 书名，材料名称 | 说明 |
| --- | --- | --- |
| 1 | 《智能汽车传感器技术》 | 机械教育出版社 |
| 2 | 维修手册 | |

学生笔记：

# 任务3　温度传感器的检测

## 一、任务信息

| 课程 | 智能汽车传感器应用与检测 | |
|---|---|---|
| 模块 | 模块二　温度传感器的应用与检测 | |
| | 任务3　温度传感器的检测 | |
| 任务难度 | 中级 | |
| 学时 | 2学时 | 班级 |
| 成绩 | | 日期 |
| 姓名 | | 教师签名 |
| 案例导入 | 有一辆燃油车仪表上发动机水温表指针始终指向0°，请你帮忙验证故障现象，通过检测发动机水温传感器线路，分析故障原因 | |
| 能力目标 | 知识 | 能够掌握汽车上温度传感器检测的手段；<br>能够掌握汽车上温度传感器的检测流程 |
| | 技能 | 能够通过识读电路图和查找网络资料识别温度传感器引脚；<br>能够根据温度传感器原理判别传感器引脚；<br>会检测温度传感器的好坏 |
| | 素养 | 能够具有安全意识；<br>能够具有精益求精的工作态度 |
| 课程思政点 | 树立安全意识 | |

## 二、任务流程（以工作流程为标准）

### （一）任务准备

课前预习：汽车上的温度传感器都在什么地方？万用表测量电阻和电压的方法。

## （二）任务实施

**任务 3.1　学习汽车上温度传感器的检测手段与流程，并完成以下内容**

1. 工作表：汽车上温度传感器的检测手段与流程

---

（1）温度传感器的检测手段有哪些？

_____

_____

（2）如何判别温度传感器的引脚？

_____

_____

_____

（3）如何检测温度传感器的好坏？

_____

_____

_____

---

2. 参考信息

1）温度传感器的检测手段

温度传感器的检测主要是测量传感器的电阻和电压，离车测量时选用万用表欧姆挡测量传感器的电阻，随车测量时选用万用表电压挡测量信号电压值或选用示波器观测传感器信号电压的变化情况。

2）温度传感器引脚的判别

独立的温度传感器一般只有两个引脚，例如空调系统温度传感器，而发动机进气温度传感器常与进气压力传感器集成在一起，发动机水温传感器一般也是两个集成在一起，一个信号送给发动机控制单元，一个信号送给仪表控制单元，这样就需要辨别温度传感器的引脚。温度传感器引脚可以通过查阅电路图确定，也可以通过使用万用表判定。图2-16所示为某车型发动机进气温度传感器与进气压力传感器电路图，从图中可以看出发动机进气温度传感器为G42，进气歧管压力传感器为G71，两者是集成在一起的，G42的引脚与发动机控制单元连接的导线颜色为褐色和绿红色的，这样到车上找到进气压力温度传感器后，根据信号线颜色即可找到温度传感器的引脚。

当没有具体车型的电路图时，可以利用万用表测量的方法判定引脚，仍然以进气温度压力传感器为例，先判断电源线和搭铁线，利用电阻挡分别测量各引脚与电源正极之间、与车身之间电阻是否接近零，如果测量结果接近零欧姆，则说明该引脚是电源线或者搭铁线；温度和压力信号线，需要通过改变发动机转速，观察测量值随发动机转速升高变化的快慢，压力传感器信号比温度传感器信号变化的幅度要大。对于发动机的两个水温传感器，可以通过测量任意两个引脚间电阻判定是否为一个温度传感器的两个引脚,如果两个引脚间有具体的阻值,说明其为一个传感器的两个引脚,如果两个引脚间电阻为无穷大,说明其分属于不同的传感器。

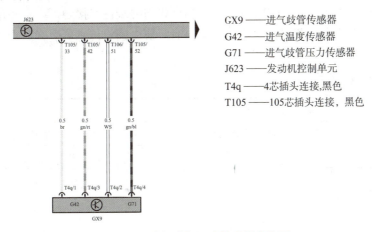

图 2-16　发动机进气温度传感器电路图

3) 温度传感器检测方法

以发动机进气温度传感器为例,发动机进气温度传感器属于负温度系数热敏电阻传感器,检测这种传感器可以离车测量也可以随车测量。离车测量时,可以直接测量热敏电阻的阻值是否随温度改变而改变,将万用表拨到欧姆挡,红黑表笔分别连接传感器的两个引脚,在室温情况下,测量电阻值并记录;再将传感器放入冷水中,再次测量,记录电阻值。若温度降低后,阻值增大,说明该传感器正常无故障。图 2-17 所示为万用表电压挡测量发动机进气温度传感器的方法。

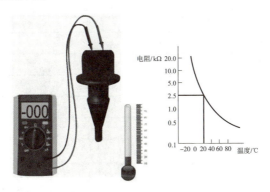

图 2-17　进气温度传感器电阻检测

传感器随车测量时,可用万用表电压挡来测量,先将万用表表笔连接上背插针,将背插针插入传感器两根引线内,起动车辆,查看测量电压值,并记录;多次踩下油门踏板,增大发动机转速,持续 2 min,查看测量电压值,记录结果,如果第二次测量阻值明显小于第一次测量阻值,说明传感器正常无故障,否则应更换传感器。

汽车上的温度传感器多数是热敏电阻式,测量方法与发动机水温传感器类似,主要是检测传感器电阻是否随温度做正确变化,或者测量传感器信号电压是否随温度发生变化。

4）温度传感器检测注意事项

（1）测量传感器电阻一定要断电测量，将传感器从电路中拆下再测量，测量时手指不能接触万用表表笔探针。

（2）测量信号电压时，要带电测量，背插针要与线端良好接触，多次测量取平均值。

（3）当没有电路图以获取传感器引脚排布时，要先确定传感器引脚后再测量。

## 三、参考书目

| 序列 | 书名，材料名称 | 说明 |
| --- | --- | --- |
| 1 | 《智能汽车传感器技术》 | 机械教育出版社 |
| 2 | 维修手册 | |

学生笔记：

# 模块三

# 气体传感器的应用与检测

| 学习任务与能力矩阵 ||
| --- | --- |
| 任务 | 能力 |
| 任务1　空气流量传感器的认知 | 能够掌握空气流量传感器的定义与作用；<br>能够掌握空气流量计的分类、结构及原理 |
| 任务2　空气流量传感器的检测 | 能够掌握热线式空气流量计的检测方法；<br>能够掌握热模式空气流量计的检测方法 |
| 任务3　气体浓度传感器的认知 | 能够掌握气体浓度传感器的作用与分类；<br>能够掌握氧传感器的结构与工作原理 |
| 任务4　气体浓度传感器的检测 | 能够掌握氧传感器的检测方法 |

# 任务 1　空气流量传感器的认知

## 一、任务信息

| 课程 | 智能汽车传感器应用与检测 | | |
|---|---|---|---|
| 模块 | 模块三　气体传感器的应用与检测 | | |
| | 任务 1　空气流量传感器的认知 | | |
| 任务难度 | 初级 | | |
| 学时 | 1 学时 | 班级 | |
| 成绩 | | 日期 | |
| 姓名 | | 教师签名 | |
| 案例导入 | 电子控制汽油喷射发动机为了在各种运转工况下都能获得最佳浓度的混合气，必须正确地测定每一瞬间吸入发动机的空气量，以此作为 ECU 计算（控制）喷油量的主要依据。那么，什么零件具有测定发动机空气量的功能呢？ | | |
| 能力目标 | 知识 | 能够掌握空气流量传感器的定义与作用；<br>能够掌握空气流量计的分类；<br>能够掌握空气流量计的结构与原理 | |
| | 技能 | 能够掌握各类空气流量计的特性 | |
| | 素养 | 能够进行团队协作；<br>能够具有严谨的工作态度；<br>能够具有自我解决问题的能力 | |
| 课程思政点 | 树立环保意识 | | |

## 二、任务流程（以工作流程为标准）

### （一）任务准备

课前预习内容，二维码，线上资源，文件为：空气流量传感器认知课前预习。

## （二）任务实施

### 任务 1.1　学习空气流量传感器的定义、作用及分类，并完成以下内容

1. 工作表：空气流量传感器的定义与作用

（1）空气流量计的定义与功用是什么？
_____
_____

（2）计量空气流量的方法有哪两种类型？
_____
_____

（3）L 型空气流量计的分类及设计原理是什么？
_____
_____

2. 参考信息

空气流量传感器是测定吸入发动机的空气流量大小的传感器。空气流量传感器（AFS）又称为空气流量计（AFM），是进气歧管空气流量传感器（MAFS）的简称。

其功用是检测发动机进气量的大小，并将空气流量信号转换成电信号输入电控单元，以供 ECU 计算、确定喷油时间（即喷油量）和点火时间。空气流量信号是发动机 ECU 计算喷油时间和点火时间的主要依据。如果空气流量传感器或线路出现故障，ECU 得不到正确的进气量信号，就不能正常地进行喷油量的控制，将造成混合气过浓或过稀，使发动机运转不正常。

空气流量计一般安装在进气管内，位置如图 3-1 所示。

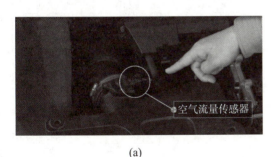
(a)

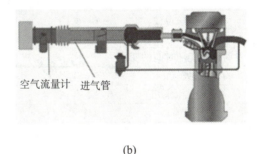
(b)

图 3-1　空气流量计位置图

根据进气量检测方式的不同，计量空气流量的方法有两种类型，即 D 型（压力型）和 L 型（空气流量型）。D 型是利用检测进气歧管内的绝对压力来计算吸入气缸的空气量，所用的传感器是进气歧管绝对压力传感器，测量方法属于间接测量法。

L 型采用直接测量的方法，即利用空气流量传感器直接测量吸入进气管的空气流量。L 型传感器又分为质量型空气流量传感器和体积型空气流量传感器两种。质量型空气流量传感器的

原理是能直接测出吸入气缸空气的质量；而体积型空气流量传感器原理则只能测出吸入气缸的空气的体积，需要根据温度传感器获得的温度信息来通过电控单元 ECU 算出吸入的气体质量。

**任务 1.2　学习不同类型的空气流量传感器分类及特点，完成以下内容**

1. 工作表：不同类型空气流量及特点

（1）体积型空气流量传感器分类。
_____
_____

（2）质量型空气流量传感器特点及分类。
_____
_____
_____

2. 参考信息

汽车发动机燃油喷射系统采用的体积型空气流量传感器有叶片式、量芯式和涡流式空气流量传感器 3 种；质量型空气流量传感器有热丝式和热膜式空气流量传感器两种。

质量型空气流量传感器内部没有移动部件，且气流流动阻力很小，因此具有工作性能稳定、测量精度高的优点，但是其制作成本较高。在质量型空气流量传感器中，热膜式空气流量传感器的使用寿命远远长于热丝式空气流量传感器，因此国产桑塔纳 3000、帕萨特、别克系列车型轿车均采用了热膜式空气流量传感器。热线式空气流量传感器是目前轿车发动机上应用最多的空气流量传感器。

不同类型的质量型空气流量传感器性能对比如表 3-1 所示。

表 3-1　各种空气流量传感器的性能对比

| 项目 | 叶片式 | 涡流式 | 量芯式 | 热线式 | 热膜式 |
| --- | --- | --- | --- | --- | --- |
| 怠速稳定性 | 良 | 良 | 良 | 良 | 良 |
| 废气再循环适应性 | 良 | 良 | 良 | 良 | 良 |
| 发动机性能随时间的变化 | 优 | 优 | 优 | 优 | 优 |
| 海拔修正 | 有 | 有 | 有 | 有 | 有 |
| 进气温度修正 | 有 | 有 | 有 | 无 | 无 |
| 成本 | 较高 | 较高 | 较高 | 较高 | 较高 |
| 测量精度 | 良 | 良 | 良 | 优 | 优 |
| 安装性 | 良 | 良 | 良 | 优 | 优 |

**任务 1.3　学习热线式与热膜式空气流量传感器结构与工作原理，完成以下内容**

1. 工作表：热线式与热膜式空气流量传感器结构与工作原理

（1）热线式空气流量传感器的分类及主要结构包括哪些？
_____
_____

（2）热模式空气流量传感器的主要结构包括哪些？

_____

_____

_____

2. 参考信息

（1）热线式空气流量传感器的结构与工作原理。

① 热线式空气流量传感器的结构。

热线式空气流量传感器按其铂金热线安装位置的不同可分为主流测量方式（热线电阻安装在主进气道中）及旁通测量方式（热线电阻安装在旁通气道中）两种，其结构分别如图 3-2 和图 3-3 所示。

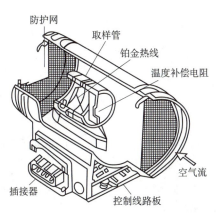

图 3-2　主流测量方式的热线式空气流量传感器结构

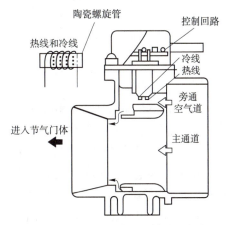

图 3-3　旁通测量方式的热线空气流量传感器结构

主流测量方式的热线式空气流量传感器由铂金热线、温度补偿电阻（冷线）、取样管、控制线路板、防护网及插接器组成。热线是一根直径约为 0.07 mm 的铂金丝，它装在取样管内的支承环上，其阻值随温度变化而变化，当传感器工作时，它能被控制电路提供的电流加热到 120 ℃左右，因此称为热线；取样管由一个热线支承环和两个塑料护套组成，它置于空气流量传感器主空气道的中央，两端有防护网，防护网通过卡箍固定在流量传感器的壳体上；温度补偿电阻（冷线）安装在热线附近，且靠近进气口一侧，当传感器工作时，控制电路向其提供一个电流使其温度始终低于热线温度 100 ℃，这样冷线温度可以起到参考标准的作用，使进气温度的变化不会影响到热线测量进气量的精度；控制线路板上有插座与发动机的 ECU 相连，用于输入信号。

旁通测量方式热线式空气流量传感器与主流测量方式热线式空气流量传感器的主要区别在于，它把铂金热线和温度补偿电阻（冷线）安装在旁通气道上，且热线和补偿电阻用铂丝缠绕在陶瓷螺旋管上。

② 热线式空气流量传感器的工作原理。

热线式空气流量传感器的基本原理如图 3-4 所示。安装在控制电路板上的精密电阻 $R_A$ 和 $R_B$ 与热线电阻 $R_H$ 及温度补偿电阻 $R_K$ 组成了惠斯顿电桥。热线电阻 $R_H$ 放在进气道内，当进气气流流经它时，其热量被流过的空气吸收，使热线温度降低，且空气流量增大时，被带走的热量也增加，热线式空气流量传感器就是利用热线与空气之间的这种热传递进行空气流量测定的。

在发动机停火后，电路会把热线自动加热到 1 000 ℃ 左右，以清洁空气流量传感器，所以热线式空气流量传感器还具有自洁功能。

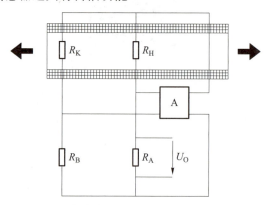

图 3-4　热线式空气流量传感器的基本原理

A—混合集成电路；$R_H$—热线电阻；$R_K$—温度补偿电阻；$R_A$—精密电阻；$R_B$—电桥电阻

（2）热膜式空气流量传感器的结构与工作原理。

① 热膜式空气流量传感器的结构。

热膜式空气流量传感器是热丝式传感器的改进产品，其发热元件采用平面形铂金属膜电阻器，故称热膜电阻。热膜电阻的制作方法：首先在氧化铝陶瓷基片上采用蒸发工艺沉积金属薄膜，然后通过光刻工艺制作成梳状图形电阻，将电阻值调节到设计要求的阻值后在其表面覆盖一层绝缘保护膜，再引出电极引线而制成。

热膜式空气流量传感器的结构如图 3-5 所示。

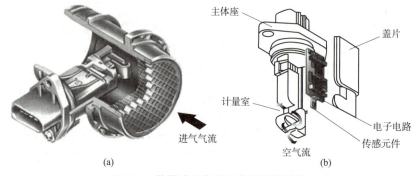

图 3-5　热模式空气流量传感器的结构

（a）外形；（b）结构

② 热膜式空气流量传感器的工作原理。

热膜式空气流量传感器与热线式空气流量传感器工作原理大致一样。传感器的热膜电阻 $R_H$、温度补偿电阻 $R_T$、精密电阻 $R_1$ 及 $R_2$、信号取样电阻 $R_S$ 在电路板上以惠斯顿电桥的方式连接，如图 3-6 所示。

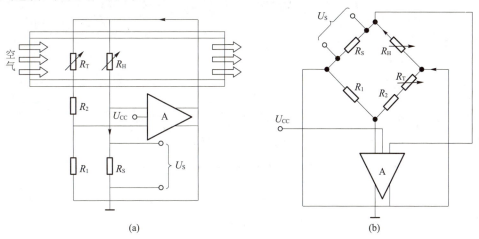

图 3-6　热膜式空气流量传感器电路

（a）连接电路；（b）电桥电路

## 三、参考书目

| 序列 | 书名，材料名称 | 说明 |
| --- | --- | --- |
| 1 | 《汽车传感器原理与维修》 | 机械工业出版社 |
| 2 | 《汽车传感器检测与维修快速入门 60 天》 | 机械工业出版社 |
| 3 | 《图解汽车传感器结构元与检修》 | 机械工业出版社 |

学生笔记：

# 任务2　空气流量传感器的检测

## 一、任务信息

| 课程 | 智能汽车传感器应用与检测 | |
|---|---|---|
| 模块 | 模块三　气体传感器的应用与检测 | |
| | 任务2　空气流量传感器的检测 | |
| 任务难度 | 中级 | |
| 学时 | 1学时 | 班级 |
| 成绩 | | 日期 |
| 姓名 | | 教师签名 |
| 案例导入 | 当不确定空气流量传感器是否正常时，怎样对其进行检测呢？ | |
| 能力目标 | 知识 | 能够掌握热线式空气流量传感器的检测方法；<br>能够掌握热膜式空气流量传感器的检测方法 |
| | 技能 | 能够通过本次课的学习，掌握热线式与热膜式空气流量传感器的检测方法 |
| | 素养 | 能够进行团队协作；<br>能够具有严谨的工作态度；<br>能够具有自我解决问题的能力 |
| 课程思政点 | 树立环保意识 | |

## 二、任务流程（以工作流程为标准）

### （一）任务准备

课前预习内容，二维码，线上资源，文件名为：空气流量传感器检测课前预习。

## （二）任务实施

### 任务1.1　学习热线式空气流量传感器的检测方法，并完成以下内容

1. 工作表：热线式空气流量传感器的检测方法

（1）下图中空气流量传感器的各端子字母所代表的作用是什么？

_____

_____

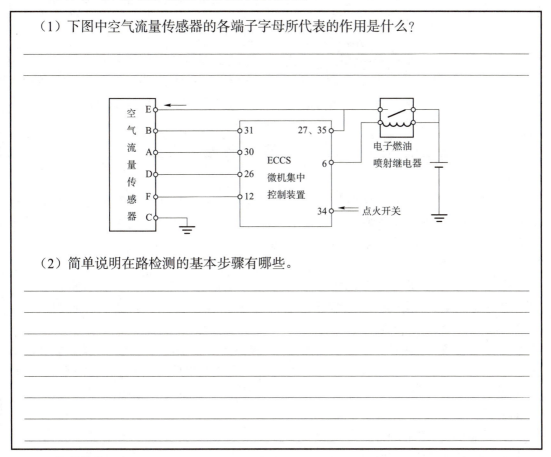

（2）简单说明在路检测的基本步骤有哪些。

_____

_____

_____

_____

_____

_____

2. 参考信息

现在以日产千里马轿车发动机的热线式空气流量传感器为例，讲解测试方法。

1）与ECU连接电路

如图3-7所示，为热线式空气流量传感器与ECU连接电路，其中热线式空气流量传感器上各端子字母所代表的作用见表3-2。

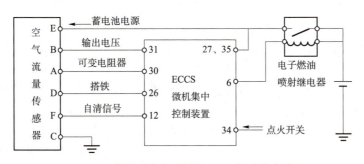

图3-7　热线式空气流计与ECU的连接电路

表 3-2  热线式空气流量传感器上各端子的功能

| 端子 | 功能 |
| --- | --- |
| E 端子 | 蓄电池电源,一般是 12 V |
| B 端子 | 空气流量传感器信号输入端,输出的信号根据提供给 ECU 中控制装置 ECCS 作控制检测信号 |
| D 端子 | 空气流量传感器搭铁端 |
| F 端子 | 自清信号输入端,信号来自 ECCS 控制电路。当点火开关关闭后,ECCS 通过 F 端子向空气流量传感器输入一个自清信号,使流量计内的加热电阻在 5 s 内升温至 1 000 ℃左右,并保持 1 s 后停止,以便使残留在热线上的污垢和油渍等燃烧,保证流量计的准确性 |
| A 端子 | 调整 CO(一氧化碳)的可变电阻输出端子 |

2)检测

现以日产千里马轿车发动机的热线式空气流量传感器为例,对此类型流量传感器的检测方法进行说明,其他车型装用的热线式空气流量传感器接线及电路结构与此基本相同,检测方法差别不大。此传感器的检测方法分为开路和在路检测两种。

(1)开路检测。

① 清除空气流量传感器外部的尘垢,拔下其线束插头,拆下空气流量传感器。

② 外观检查:对空气流量传感器进行外观检查,检查其护网有无堵塞或破裂,并从进口处查看铂丝热线是否脏污或折断。

③ 静态检查(见图 3-8):将蓄电池正极与空气流量传感器插座内的 E 端子相接,负极与插座内的 D 端子相接,并将万用表置于 10 V 直流电压挡,两表笔测量插座的 B、D 两端子间的电压,其值应为 1.6 V±0.5 V。如果不符合,则说明传感器有损坏,须修理或更换传感器。

④ 动态检查(见图 3-9):保持静态检查的接线状态不变,用电风扇向空气流量传感器进口吹入空气的同时,用电压表测量 B、D 端子间的电压,正常值应为 2~4 V。如果测得值与规定值不符,应更换空气流量传感器。

(2)在路检测。

① 打开点火开关,不起动发动机。用万用表电压挡测量插座内 E 端子与 D 端子之间的电压,应为 12 V 左右。

② 如果测量 E 端子与 D 端子间无电压,再测量 E 端子与 C 端子之间的电压,其值若为 12 V,则说明 D 端子搭铁不良,应检查 D 端子与 ECCS 端子之间的导线或 ECCS 的搭铁线是否良好。

动态测量热线式空气流量传感器接线图如图 3-9 所示。

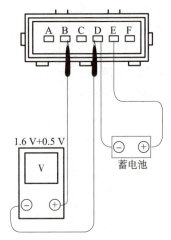

图 3-8  静态测量热线式空气流量传感器连接图

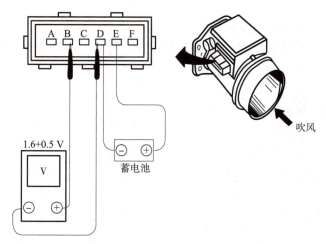

图 3-9　动态测量热线式空气流量传感器连接图

③ 测量 B 端子与 D 端子之间的电压，应为 1.6 V ± 0.5 V。起动发动机，测量 B 端子与 D 端子之间的电压，应在 2～4 V 之间。

④ 检查自洁电路有直观检查和万用表测量两种方法，具体操作如下：

a. 直观检查法。

a）起动发动机，并使其以 2 500 r/min 以上的转速运转。

b）使发动机怠速运转，拆下空气滤清器和空气流量传感器进口处的管道。

c）关闭点火开关，从空气流量传感器进口部位查看空气流量传感器内的铂丝热线是否在熄灭 5 s 内被加热至发出红光，并持续 1 s 时间。

b. 万用表测量法。

a）使发动机冷却液温度上升至 60 ℃以上，发动机转速超过 1 500 r/min。

b）将万用表 10 V 直流挡的两表笔接在插座的 F 端子与 D 端子之间。

c）关闭点火开关，万用表上的电压指示值应回零并在 5 s 后又跳跃上升，1 s 后再回到零。

如果万用表检测或直观检查结果与以上要求不符，且进一步检查微电脑与空气流量传感器连接导线均无问题的话，则应更换新的空气流量传感器。

### 任务 1.2　学习热膜式空气流量传感器的检测方法，完成以下内容

1. 工作表：热膜式空气流量传感器的检测方法

（1）简单说明热膜式空气流量传感器主要检测哪些内容。

（2）简单说明热膜式空气流量传感器的检测步骤。

2. 参考信息

热膜式空气流量传感器的检测。

热膜式空气流量传感器的插接器插头如图 3-10 所示。热膜式空气流量传感器与 ECU 的连接电路如图 3-11 所示。

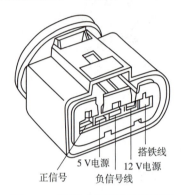

图 3-10　热膜式空气流量传感器
插接器插头

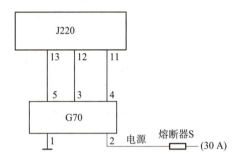

图 3-11　热膜式空气流量传感器与
ECU 的连接电路

热膜式空气流量传感器的检测主要是检测电源电压、信号电压及线束的导通性。具体步骤如下：

1）检测电源电压。关闭点火开关，拔下空气流量传感器的插头，起动发动机。首先用万用表测量插头的端子 2 与搭铁间的电压值，如图 3-12 所示，标准值为 12 V。然后用万用表测量插头端子 4 与搭铁间的电压值，标准值应为 5 V。

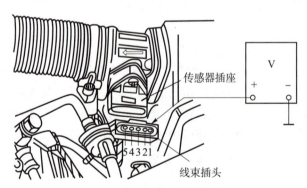

图 3-12　热膜式空气流量传感器的电源电压

（2）检测信号电压。关闭点火开关，拆下空气滤清器，接通点火开关，即置于"ON"位置，但不起动发动机。用万用表的电压挡测量空气流量传感器插头中的端子 5（正信号线）与端子 3（负信号线）之间的电压值，用"＋"表笔插入空气流量传感器 5 号端子线束中，"－"表笔插入 3 号端子的线束中。该电压标准值是 2.0～4.0 V。然后用电吹风（冷风挡）向流量传感器入口吹空气，观察信号电压的变化值。若信号电压不变化，说明空气流量传感器失效，应当更换。

（3）检测线束导通性（是否断路）。关闭点火开关，拔下空气流量传感器的插头并拔下电控单元 ECU 的线束插接器。如图 3-13 所示，用万用表检测插头端子 3 与 ECU 插接器的端子 12 间的电阻值,该标准值应小于 1 Ω。用万用表检测插头端子 4 与 ECU 插接器的端子 11 间的电阻值,该标准值应小于 1 Ω。用万用表检测插头端子 5 与 ECU 插接器的端子 13 间的电阻值,该标准值应小于 1 Ω。

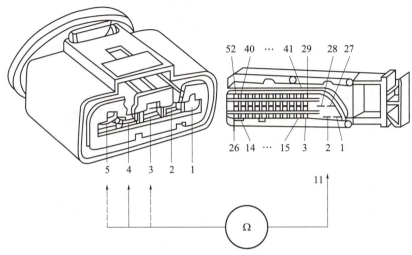

图 3-13 检测空气流量传感器线束导通性

(4)检测导线间是否短路。关闭点火开关,拔下空气流量传感器插头和电控单元的线束插接器;用万用表检测空气流量传感器插头端子 2 与 ECU 插接器的端子 11 间的电阻值、空气流量传感器插头端子 2 与 ECU 插接器的端子 12 间的电阻值、空气流量传感器插头端子 2 与 ECU 插接器的端子 13 间的电阻值、空气流量传感器插头端子 4 与 ECU 插接器的端子 12 间的电阻值、空气流量传感器插头端子 4 与 ECU 插接器的端子 13 间的电阻值、空气流量传感器插头端子 5 与 ECU 插接器的端子 11、12 间的电阻值,以上标准值均为 ∞。

# 三、参考书目

| 序列 | 书名,材料名称 | 说明 |
| --- | --- | --- |
| 1 | 《汽车传感器原理与维修》 | 机械工业出版社 |
| 2 | 《汽车传感器检测与维修快速入门 60 天》 | 机械工业出版社 |
| 3 | 《图解汽车传感器结构元与检修》 | 机械工业出版社 |

学生笔记:
___
___
___
___

## 任务3　气体浓度传感器的认知

## 一、任务信息

| 课程 | 智能汽车传感器应用与检测 | | |
|---|---|---|---|
| 模块 | 模块三　气体传感器的应用与检测 | | |
| | 任务3　气体浓度传感器的认知 | | |
| 任务难度 | 初级 | | |
| 学时 | 1学时 | 班级 | |
| 成绩 | | 日期 | |
| 姓名 | | 教师签名 | |
| 案例导入 | 怎样判断汽车发动机的气体浓度是否正常呢？引入气体浓度传感器 | | |
| 能力目标 | 知识 | 能够掌握气体浓度传感器的作用与分类；<br>能够掌握氧传感器的结构与工作原理 | |
| | 技能 | 能够通过本次课的学习，掌握氧传感器的结构与原理 | |
| | 素养 | 能够进行团队协作；<br>能够具有严谨的工作态度；<br>能够具有自我解决问题的能力 | |
| 课程思政点 | 灌输碳达峰和碳中和理念 | | |

## 二、任务流程（以工作流程为标准）

### （一）任务准备

课前预习内容，二维码，线上资源，文件名为：气体浓度传感器认知课前预习。

## (二)任务实施

### 任务1.1 学习气体浓度传感器作用与分类知识,并完成以下内容

1. 工作表:气体浓度传感器的作用与分类

(1)气体浓度传感器的作用什么?
_____
_____

(2)气体浓度传感器分为哪几类?
_____
_____
_____

2. 参考信息

气体浓度传感器是一种主要用于检测车体内气体和废气排放的产品。

在汽车上使用的气体浓度传感器主要有氧传感器、稀薄混合气传感器、全范围空燃比传感器和烟雾浓度传感器等。

1)氧传感器介绍

氧传感器通过检测排放气体中氧的含量来获得混合气空燃比的稀浓信号,并将检测结果变成电压信号输入 ECU,ECU 根据氧传感器的输入信号不断地对喷油脉宽进行修正,使混合气体在理想范围内。

为满足国家排放法规要求,现代车辆一般会安装两个氧传感器,即前氧传感器与后氧传感器。前后氧传感器安装在排气管上,分别安装于三元催化器前后,如图3-14所示。

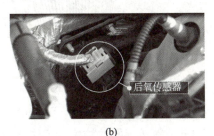

(a)　　　　　　　　　　　　　(b)

图 3-14　氧传感器安装位置

(a)前氧传感器安装位置;(b)后氧传感器安装位置

目前,汽车上采用的氧传感器有氧化钛($TiO_2$)式和二氧化锆($ZrO_2$)式两种。氧化锆式氧传感器又分为加热型氧传感器和非加热型氧传感器两种。氧化钛式氧传感器本身带

有一个电加热器。汽车上大部分使用的是加热式的。

2）稀薄混合气传感器介绍

一些汽车发动机为达到更好的燃油经济性和更高的排放控制目标，发动机燃烧的是比理论空燃比更高的稀薄混合气，在其空燃比反馈控制系统中，采用了稀薄混合气氧传感器。稀薄混合气氧传感器可实现稀薄混合气燃烧状态下的空燃比反馈控制，与氧化催化剂结合，在确保排气净化效果的前提下，达到了降低燃油消耗的目的。

3）全范围空燃比传感器

全范围空燃比传感器是一种能连续检测混合气从过浓状态到理论空燃比，再从理论空燃比到稀薄混合气状态整个过程的传感器，因而称其为全范围空燃比传感器。

4）烟雾浓度传感器

烟雾浓度传感器用于检测烟雾，当烟雾浓度传感器从车室内检测出烟雾后，可自动地使空气净化器运转，没有烟雾时使空气净化器自动停止运转，总是保持车室内空气处于净化状态。烟雾浓度传感器安装在车室顶棚上室顶灯的旁边。烟雾浓度传感器的外观如图3-15所示，它是由本体和盖板组成的。

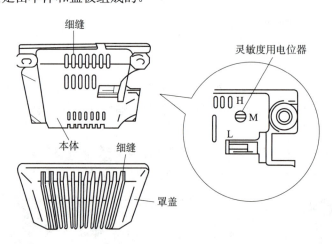

图3-15 烟雾传感器结构

## 任务1.2 学习氧传感器的结构与工作原理，完成以下内容

1. 工作表：氧传感器的结构与工作原理

（1）简单说明二氧化锆式氧传感器与二氧化钛式氧传感器结构。
_____
_____

② 二氧化锆式氧传感器和二氧化钛式氧传感器的主要区别是什么？

2. 参考信息

1）二氧化锆式氧传感器

二氧化锆式氧传感器的基本元件是二氧化锆陶瓷管（固体电解质），陶瓷体制成管状，因此也称锆管。锆管固定在带有安装螺纹的固定套中，锆管内外表面都覆盖着一层多孔性的透气铂膜作为电极，氧传感器安装在排气管上，其内表面与大气接触，外表面与废气接触，为了防止废气中的杂质腐蚀铂膜，在锆管外表面的铂膜上覆盖着一层多孔的氧化铝保护层，并加装了一个防护套管，套管上开有通气槽。这样既可以防止废气烧蚀电极，又可以保证废气渗进保护层和电极接触。氧传感器的接线端有一个金属护套，其上开有一孔，用于锆管内表面与大气相通，导线将锆管内表面铂极经绝缘套从传感器引出。二氧化锆式氧传感器的结构如图 3-16 所示。

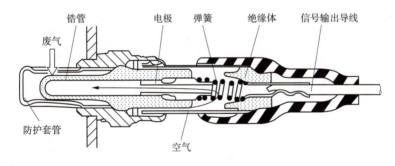

图 3-16 二氧化锆式氧传感器的结构

将二氧化锆（$ZrO_2$）置于高温下，如果 $ZrO_2$ 两侧气体的氧含量有较大差异，氧离子就会从氧含量高的一侧向氧含量低的一侧扩散，使两侧电极间产生电动势。二氧化锆式氧传感器就是利用了二氧化锆的这一特性，将氧敏感元件（$ZrO_2$）制成试管状，使其内侧通大气（氧含量高），外侧通过发动机的排气（氧含量低）。混合气偏浓时，排气中的氧含量极少，二氧化锆内外侧氧的浓度差大，因而产生一个较高的电压；混合气偏稀时，排气中含有较多的氧，二氧化锆内外侧的氧浓度差较小，产生的电压较低。

二氧化锆的内外表面都涂有铂，铂的外表面有一层陶瓷，起保护铂电极的作用。二氧化锆表面涂铂的作用是催化排气中的 $O_2$ 与 CO 反应，使混合气偏浓时排气中的氧含量几乎为零，而对混合气偏稀时排气中的氧含量影响则不大，这样就显著提高了氧传感器的灵敏度。

$ZrO_2$ 需在 400 ℃以上的温度下才能正常工作，为此，在一些二氧化锆式氧传感器中设有加热器，其作用是在排气管温度尚未达到氧传感器正常工作温度时通电加热氧传感器，以使其迅速达到正常工作温度。

2）二氧化钛式氧传感器

二氧化钛式氧传感器的结构与二氧化锆式氧传感器的结构相似，主要由二氧化钛传感元件（钛管）、钢质壳体、加热元件和接线端子、护套、护管等组成，如图3-17所示。

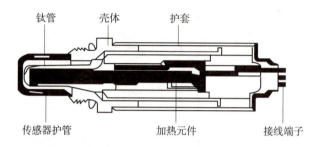

图3-17　二氧化钛式氧传感器的结构

二氧化钛氧传感器是利用高纯度的半导体材料——二氧化钛（$TiO_2$）制成的。二氧化钛在常温下电阻值很高，一旦周围氧气不足，其晶体内会产生很多电子，此时电阻值大大降低。二氧化钛式氧传感器正是利用这一特征检测排气中的氧含量。

二氧化锆式氧传感器和二氧化钛式氧传感器的主要区别是：二氧化锆式氧传感器是将排气中氧含量的变化转化为电压的变化；二氧化钛式氧传感器是将排气中氧含量的变化转化为电阻的变化。

二氧化钛式氧传感器则是利用气敏电阻的原理，通过氧气浓度引起的二氧化钛电阻值的改变来判定混合气状态，故又称电阻型氧传感器。二氧化钛氧传感器的工作原理：当排气中含氧量多时，氧浓度高，二氧化钛电阻值高；当排气中氧浓度低时，二氧化钛的电阻值降低。其电阻值的变化在理论空燃比附近发生突变。

# 三、参考书目

| 序列 | 书名，材料名称 | 说明 |
| --- | --- | --- |
| 1 | 《汽车传感器原理与维修》 | 机械工业出版社 |
| 2 | 《汽车传感器检测与维修快速入门60天》 | 机械工业出版社 |
| 3 | 《图解汽车传感器结构元与检修》 | 机械工业出版社 |

学生笔记：

# 任务 4　气体浓度传感器的检测

## 一、任务信息

| 课程 | 智能汽车传感器应用与检测 | |
|---|---|---|
| 模块 | 模块三　气体传感器的应用与检测 | |
| | 任务 4　气体浓度传感器检测 | |
| 任务难度 | 中级 | |
| 学时 | 1 学时 | 班级 |
| 成绩 | | 日期 |
| 姓名 | | 教师签名 |
| 案例导入 | 如果汽车显示气体浓度传感器故障，一般是指氧传感器故障，那么怎样检测氧传感器是否正常呢？ | |
| 能力目标 | 知识 | 能够掌握二氧化锆式氧传感器的检测方法；<br>能够掌握二氧化钛式氧传感器的检测方法 |
| | 技能 | 能够通过本次课的学习，掌握氧传感器的检测方法 |
| | 素养 | 能够进行团队协作；<br>能够具有严谨的工作态度；<br>能够具有自我解决问题的能力 |
| 课程思政点 | 灌输碳达峰和碳中和理念 | |

## 二、任务流程（以工作流程为标准）

### （一）任务准备

课前预习内容，二维码，线上资源，文件名为：气体浓度传感器检测课前预习。

## （二）任务实施

### 任务 1.1　学习二氧化锆式氧传感器的检测方法，并完成以下内容

1. 工作表：二氧化锆式氧传感器的检测

> （1）二氧化锆式氧传感器的常见故障有哪些？
> _____
> _____
> （2）简单说明二氧化锆式氧传感器的检测步骤。
> _____
> _____
> _____
> _____
> _____

2. 参考信息

1）二氧化锆式氧传感器检测

二氧化锆式氧传感器的一般检测方法如下：

（1）直观检查。检查二氧化锆式氧传感器插接器有无松动，导线有无破损或断脱，必要时，拆下二氧化锆式氧传感器，通过二氧化锆式氧传感器外观有无损伤和颜色判断其故障与否，检查方法如下：

① 从排气管上拆下二氧化锆式氧传感器，检查二氧化锆式氧传感器外壳上的通气孔有无堵塞，陶瓷芯有无破损。如有破损，则应更换二氧化锆式氧传感器。

② 观察二氧化锆式氧传感器顶尖部位的颜色，正常颜色应为淡灰色。如果顶尖呈白色，则是由硅污染造成的，此时必须更换二氧化锆式氧传感器；如果是棕色顶尖，则说明二氧化锆式氧传感器有铅污染，铅污染严重时，必须更换二氧化锆式氧传感器；如果是黑色顶尖，则说明二氧化锆式氧传感器积炭，在排除发动机的积炭故障后，二氧化锆式氧传感器上的积炭一般可以自动清除。

（2）检查二氧化锆式氧传感器信号电压。检查方法如下：

① 在发动机达正常工作温度时，让发动机以 2 500 r/min 左右的转速保持运转。

② 断开二氧化锆式氧传感器的插接器，检测二氧化锆式氧传感器信号输出端子与搭铁之间的电压，正常情况电压表指针应在 0～1 V 之间来回摆动，10 s 内反馈电压的变化次数应不少于 8 次。

③ 如果少于 8 次，则说明二氧化锆式氧传感器或反馈控制系统工作不正常，其原因可能是二氧化锆式氧传感器表面有积炭，使灵敏度降低所致。应让发动机以 2 500 r/min 的转速运转约 2 min，以清除二氧化锆式氧传感器表面的积炭，然后再检查二氧化锆式氧传感器信号电压。如果在清除积炭以后，电压表指针变化依旧缓慢，则说明二氧化锆式氧传感器损坏，或 ECU 控制电路有故障。

④ 如果电压总是指示为 0.5 V 或以上，设法使混合气变稀（不同的配置有不同的方法，比如：拆下曲轴箱通风控制阀、拔下炭罐通气控制阀真空管等），电压应迅速下降，否则，

需更换二氧化锆式氧传感器。

⑤ 如果电压总是指示为 0.5 V 以下，则设法使混气变浓（比如：使喷油器持续通电），电压应迅速上升，否则，也应更换二氧化锆式氧传感器；如果始终无电压指示，也说明二氧化锆式氧传感器已损坏，需予以更换。

（3）检查加热器电阻，如图 3-18 所示。检测二氧化锆式氧传感器加热器电阻（热丝式加热器电阻为 4～40 Ω，具体见车辆使用说明书），如果测得的电阻不符合要求，则需更换二氧化锆式氧传感器。

图 3-18　二氧化锆式氧传感器检测

2）二氧化锆式氧传感器的常见故障

二氧化锆式氧传感器的常见故障：传感器陶瓷元件表面积炭或积铅（铅中毒）、内部线路接触不良、陶瓷体破损以及加热器损坏等。

**任务 1.2　学习二氧化钛式氧传感器的检测方法，完成以下内容**

1. 工作表：二氧化钛式氧传感器检测

简单说明二氧化钛式氧传感器检测步骤。

2. 参考信息

二氧化钛式氧传感器的检测方法如下：

（1）检查加热器电阻。用高阻抗数字式万用表电阻挡对氧传感器的加热电阻值进行测试，拔下氧传感器线束插头，测试氧传感器 A、B 接线柱间的电阻值。正常情况下，其阻值为 4~40 Ω，具体参见车型说明书。如果电阻为 ∞，说明加热电阻烧断，应更换氧传感器。

（2）检查氧传感器电源电压。打开点火开关，用万用表电压挡测量传感器的电源电压，其标准值为 1 V。

（3）检查氧传感器加热器电源电压。打开点火开关，用万用表电压挡测试传感器的加热器电源电压，其标准值应为 12 V。

（4）检查氧传感器反馈电压。如图 3-19 所示，接通点火开关，并起动发动机使在怠速下正常运转，然后用电压表测量电控单元 ECU 的 4 号接脚与搭铁之间的电压值，其值应在 0.2~0.8 V 内变动。当发动机提高转速后，其电压值应为 0.6~1.0 V，否则应更换氧传感器。

（5）动态测试。使发动机充分预热，拔下燃油压力调节器的真空软管，堵上歧管，合混合气加浓（空燃比减小）。在怠速状态下测量电控单元 ECU 插接器的端电压，氧传感器上的电压应大于 0.5 V，否则应更换氧传感器。

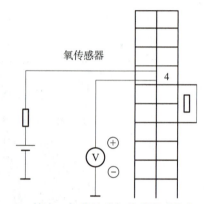

图 3-19　检查二氧化钛式氧传感器反馈电压

# 三、参考书目

| 序列 | 书名，材料名称 | 说明 |
|---|---|---|
| 1 | 《汽车传感器原理与维修》 | 机械工业出版社 |
| 2 | 《汽车传感器检测与维修快速入门 60 天》 | 机械工业出版社 |
| 3 | 《图解汽车传感器结构元与检修》 | 机械工业出版社 |

学生笔记：

# 模块四

# 压力传感器的应用与检测

| 学习任务与能力矩阵 ||
| --- | --- |
| 任务 | 能力 |
| 任务1 压力传感器的认知 | 能够阅读压力传感器分类资料,并制订适宜的工作计划;<br>能正确地分辨微机械式和高压压力传感器 |
| 任务2 进气压力传感器的原理与检测 | 能够阅读进气压力传感器分类资料,并制订适宜的工作计划;<br>能正确地检测进气压力传感器,判断工况 |
| 任务3 机油压力开关传感器的认知及原理 | 能够掌握机油压力开关传感器的定义及特性;<br>能够掌握机油压力开关传感器的工作原理 |
| 任务4 制动液压力传感器的认知及原理 | 能够阅读制动压力传感器分类资料,并制订适宜的工作计划;<br>能正确地掌握制动压力传感器的工作原理 |
| 任务5 其他压力传感器的认知 | 能够阅读轮胎压力传感器及蓄压器压力传感器工作原理相关资料;<br>能正确地掌握蓄压器压力传感器的工作原理 |

# 任务1 压力传感器的认知

## 一、任务信息

| 课程 | 智能汽车传感器应用与检测 | | |
|---|---|---|---|
| 模块 | 模块四 压力传感器的应用与检测 | | |
| | 任务1 压力传感器的认知 | | |
| 任务难度 | 初级 | | |
| 学时 | 1学时 | 班级 | |
| 成绩 | | 日期 | |
| 姓名 | | 教师签名 | |
| 案例导入 | 汽车压力传感器常用来检测气体压力和液体压力,并将压力信号转变为电压信号给电控单元,以控制执行元件的工作。压力传感器的基本原理是靠测定压力差来工作的。检测过程中的基准压力通常是指大气压。压力传感器的种类很多,有厚膜压力传感器、微机械压力传感器、硅燃烧室压力传感器和金属膜片高压传感器等。 | | |
| 能力目标 | 知识 | 能正确描述压力传感器的作用与分类;<br>能正确地分辨微机械式和高压压力传感器 | |
| | 技能 | 能够阅读压力传感器分类资料,并制订适宜的工作计划;<br>能正确地分辨微机械式和高压压力传感器 | |
| | 素养 | 能够展示操作成果;<br>能够与团队成员协作完成任务<br>能够树立自主汽车品牌自信 | |
| 课程思政点 | 树立安全意识 | | |

## 二、任务流程

### (一)任务准备

课前预习内容,二维码,线上资源。

## (二)任务实施

### 任务 1.1　学习压力传感器功用与测量原理,并完成以下内容

1. 工作表:压力传感器认知

(1)什么是压力传感器?
_____
_____
_____

(2)直接测量压力的方法有哪些?
_____
_____
_____

(3)压力传感器有哪四种不同的基本形式?
_____
_____
_____

2. 参考信息

(1)压力传感器的功用。

汽车压力传感器,常用来检测气体压力和液体压力,并将压力信号转变为电压信号给电控单元,以控制执行元件的工作。

压力传感器的种类很多,有膜片式(可变电感式)、应变片式、差动变压器式和半导体式等多种形式。

(2)压力传感器的测量原理。

① 直接测量压力。

要测量较高的压力时,可以测量压力介质的电阻,因为所有介质的电阻大多都与压力有关其测量难点在于消除介质的压力,压力还与温度、传感器与介质连接处的密封等因素有关。最好的方法是按使用范围,采用易于制造的电容式测量小室,如图 4-1 所示。

② 膜片式压力传感器。

膜片式压力传感器是汽车上压力测量中较为常见的一种。膜片一侧感受压力并产生弯曲形变,以得到与压力相关的变形信号,再转换成电信号。膜片的厚薄和直径大小与测量的压力大小相关。低压传感器使用变形量大且直径大的膜片,弯曲变形为 0.1~1 mm。高压传感器使用厚的且直径小的膜片,膜片弯曲变形只有几微米。如果低压测量用电容式的距离测量,则在中、高压测量时主要使用应变片(DMS)技术。

严格来说,薄膜弯曲取决于薄膜上下面的压力差。据此,压力传感器有四种不同的基本形式,如表 4-1 所示,即:绝对压力传感器、基准(参考)压力传感器、大气压力传感器和差压传感器。

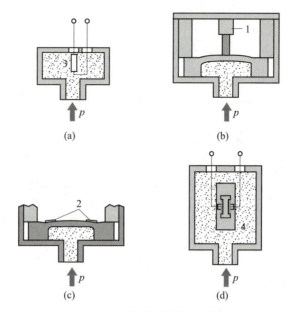

图 4-1　压力介质的电阻测量

（a）直接测量与介质压力有关的电阻；（b）用压力传感器 1 测量；
（c）测量膜片 2 的变形（应变片）；（d）膜片室 4 变形，测量电容

表 4-1　压力传感器的基本形式

| 膜片下面压力 $P_u$ | 膜片上门压力 $p_0$ | | |
| --- | --- | --- | --- |
| | 测量压力 | 外界压力 | 真空 |
| 测量压力 | 差压 | 基准压力 | 绝对压力 |
| 外界压力 | 基准压力 | | 大气压力 |
| 真空 | 绝对压力 | 大气压力 | |

③ 压力输入到压力传感器

一些压力传感器使用膜片，但不直接将信号转换，而是将膜片承受的力输入到压力传感器中。它们的力测量范围是一样的，因为在膜片上收到范围要与压力传感器的力测量范围一致。

### 任务 1.2　其他类型压力传感器

**1. 工作表：其他类型压力传感器应用**

（1）写出两个微机械压力传感器的应用。

_____

_____

（2）汽车上的高压力传感器一般用于哪些位置的压力测量？

_____

_____

2. 参考信息

（1）微机械压力传感器。

① 应用。

微机械压力传感器可用于监测汽车上不同介质的压力，如：① 在发动机管理系统中为检测发动机负荷而测量进气管气体压力；② 为控制增压空气压力检测增加压力；③ 在增压控制中为考虑空气密度检测环境压力；④ 在发动机维修时为检测发动机负荷需测量机油压力；⑤ 为监控燃油滤清器的脏污程度，检测燃油压力。利用测量相对基准真空的压差，可检测液体和气体的绝对压力。

② 基准真空位于结构侧面的压力传感器工作原理。

传感器测量室内的膜片随外部压外部压力变化而发生不同程度的弯曲（薄膜片中心移动 $10 \sim 1\,000\,\mu m$）。在机械应力作用下，膜片上的 4 个应变片电阻发生变化（压阻效应）。

4 个应变片中，2 个应变片在膜片变形时，电阻增大，另外 2 个应变片电阻则减小。4 个应变片电阻连接成电桥，请将目前的 4-3 和 4-2 这两张图放在一起。然后用新 4-3 代替下面。电阻的变化使电桥上的电压，也即测量电压 $U_M$ 变化。测量电压 $U_M$ 的大小反映作用在膜片上的压力大小。

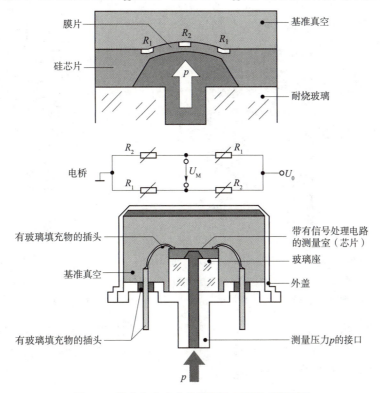

图 4-2　基准真空在芯片外部的压力传感器结构

$p$—测量压力；$U_0$—供电电压；$U_M$—测量电压；$R_1$—应变片（缩短）；$R_2$—应变片（伸长）

桥式电路得到的电压要高于单一电阻变化得到的电压，而电桥又能提高传感器的灵敏度。信号处理电路被集成在硅芯片上。其作用是：放大测量电压；补偿温度的影响，并使压力—输出电压变化线性化。传感器测量电压经信号处理后的输出电压范围为 $0 \sim 5\,V$，并通过插头 5 传输到控制单元中，如图 4-3 所示。控制单元根据内存的压力—输出电压的变化关系，由输出电压值得到压力。

③ 基准真空在硅片孔穴内的压力传感器工作原理。

其工作原理、信号放大、处理和线性化与基准真空在芯片外部的压力传感器一样。唯一的区别是两者的膜片变形方向相反，所以桥式应变片的变形也相反。

（2）高压传感器。

① 应用。

汽车上的高压传感器用于测量燃油和制动液的压力，如：① 汽油直接喷射轨压传感器；② 柴油共轨喷射系统轨压传感器；③ 电子稳定性程序（ESP）的液压调节器中的制动液压力传感器。

② 结构与工作原理。

钢质膜片是传感器的核心，在膜片上蒸发沉积有 4 个应变片，传感器的测量范围与膜片的厚薄有关，高压用较厚的膜片，低压用较薄的膜片。只要测量压力通过接头作用在膜片下面，膜片弯曲变形使膜片上面的应变片的电阻发生变化。膜片在 150 MPa 的压力下弯曲 20 μm，见图 4-4。

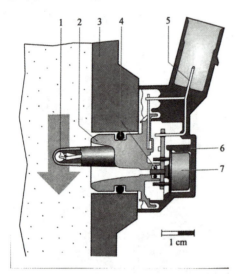
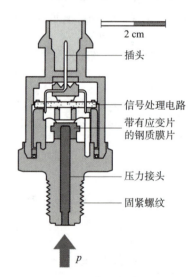

图 4-3　在芯片外部带有急诊真空的微机械压力传感器结构
1—负温度系数（NTC）温度传感器；2—壳体上部；3—进气管壁；4—密封环；
5—插头；6—壳体外盖；7—测量室及基准真空室

图 4-4　高压传感器

电桥上产生的电桥电压（0~80 mV）经导线输入到传感器上的信号处理电路中。处理电路将电桥电压放大至 0~5 V 的输出电压，再输入到控制单元。控制单元利用储存的压力-输出电信号的变化关系算出压力值。

## 三、参考书目

| 序列 | 书名，材料名称 | 说明 |
| --- | --- | --- |
| 1 | 《智能汽车传感器技术》 | 机械教育出版社 |
| 2 | 《汽车传感器从入门到精通》 | 化学工业出版社 |
| 3 | 《Bosch 汽车电气与电子》 | 北京理工大学出版社 |

学生笔记:
___

# 任务 2　进气压力传感器的原理与检测

## 一、任务信息

| 课程 | 智能汽车传感器应用与检测 | | |
|---|---|---|---|
| 模块 | 模块四　压力传感器的应用与检测 | | |
| | 任务 2　进气压力传感器的原理与检测 | | |
| 任务难度 | 中级 | | |
| 学时 | 1.5 学时 | 班级 | |
| 成绩 | | 日期 | |
| 姓名 | | 教师签名 | |
| 案例导入 | 王先生的汽车在行驶过程中出现车体抖动、发动机动力不稳的情况,通过本节任务学习正确判断王先生的车辆的故障原因 | | |
| 能力目标 | 知识 | 能正确描述进气压力传感器的作用与分类;<br>能正确地指出进气压力传感器的安装位置 | |
| | 技能 | 能够阅读进气压力传感器分类资料,并制订适宜的工作计划;<br>能正确地检测进气压力传感器,判断工况 | |
| | 素养 | 能够展示操作成果;<br>能够与团队成员协作完成任务;<br>能够树立自主汽车品牌自信 | |
| 课程思政点 | 树立环保意识 | | |

## 二、任务流程

### （一）任务准备

课前预习内容，二维码，线上资源。

### （二）任务实施

**任务 2.1　学习进气压力传感器功用及工作原理，并完成以下内容**

1. 工作表：进气压力传感器认知

| |
|---|
| （1）进气压力传感器的功用及安装位置。 |
| |
| （2）进气压力传感器的分类。 |
| |
| （3）真空膜盒可变电阻器式进气压力传感器的结构。 |
| |

2. 参考信息

（1）进气歧管压力传感器。

① 进气歧管压力传感器的作用。

进气歧管压力传感器（也称进气压力传感器或 MAP）用在 D 型汽油喷射系统中，根据发动机的负荷测出进气歧管内压力的变化，并讲测量结果转化为电信号输入给 ECU，作为确定喷油器喷油量的基本依据，见图 4-5。

② 进气歧管压力传感器的安装位置。

进气歧管压力传感器大多安装在汽车发动机的进气歧管上，也有少部分安装在发动机 ECU 的控制盒内或发动机的驾驶室内，见图 4-6。

进气歧管压力传感器的种类较多，按其信号的产生原理可以分为电压型和频率型两种。电压型的又可分为半导体压敏电阻式（电

图 4-5　进气歧管压力传感器

阻应变计式）和膜盒传动可变电感式；频率型的可分为电容式和表面弹性波式。其中以半导体压敏电阻式应用最多。

图 4-6 进气歧管压力传感器的安装位置

（2）真空膜盒式进气压力传感器。

① 真空膜盒可变电阻器式进气压力传感器的结构与原理。

真空膜盒可变电阻器式进气压力传感器的结构如图 4-7 所示。它利用操纵杆的移动使电位计滑动臂的滑动触点左右移动，从而改变可变电阻的输出电阻值，进而改变输出的电压的大小。当进气压力较大时，膜盒收缩，操纵杆回缩，使电位计的滑动触点向上移动，从而增大了分压电压的大小，即增大了输出电压值；反之，则膜盒膨胀，输出电压减小。

② 真空膜盒可变电感式进气压力传感器的结构与原理。

真空膜盒可变电感式进气压力传感器的结构如图 4-8 所示。它利用操纵杆的外伸或回缩移动，带动与其相连的铁芯移动，从而使两工感线圈 $W_1$ 和 $W_2$ 之间的互感系数发生变化，进而改变输出电压的大小。其中互感线圈的互感系数与两线圈的耦合情况相关，耦合越紧，输出电压越大。因此，进气压力增大时，膜片回缩，铁芯向两线圈中间运动时，耦合变紧，输出电压增大；反之，则膜片膨胀，输出电压减小。

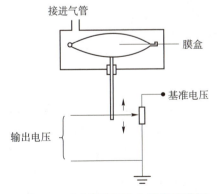

图 4-7 真空膜盒可变电阻器式进气压力传感器的结构

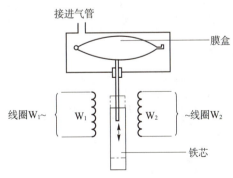

图 4-8 真空膜盒可变电感式进气压力传感器的结构

③ 真空膜盒差动变压器式进气压力传感器的结构与原理

真空膜盒差动变压器式进气压力传感器主要由膜盒、铁芯、传感线圈、弹片以及电路组成（见图 4-9）。

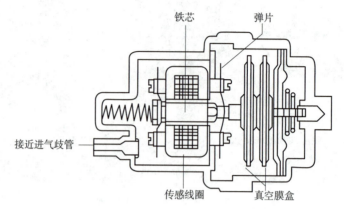

图 4-9　真空模盒差动变压器式进气压力传感器的结构

传感器线圈由一次绕组和二次绕组两个绕组构成，如图 4-10 所示。一次绕组与振荡电路连接，产生交变电压，并在线圈周围产生磁场；二次绕组为两个感应线圈，产生感应信号电压。当交流电通过一次绕组线圈时，两个二次绕组线圈都产生感应电压。当铁芯在中心位置时，两个二次绕组的感应电压大小相等，方向相反，传感器的输出电压为零。当铁芯从中间向一端移动时，一个二次绕组输出的电压将大于另一个二次绕组，这两个二次绕组的电压差 $e_s$（输出信号电压）的大小由铁芯移动距离决定。

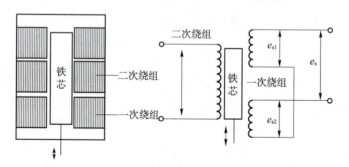

图 4-10　传感器线圈绕组的结构

## 任务 2.2　进气压力传感器检测

1. 工作表：进气压力传感器检测

（1）判断进气压力传感器连接正常的测量步骤。

_____
_____
_____
_____
_____

（2）汽车上的进气压力传感器的检测的步骤。
_____
_____
_____

2. 参考信息

（1）进气压力传感器连接检测。

取下蓄电池负极，万用表拧至欧姆挡，黑标笔搭铁，红表笔接进气压力传感器接地引脚，此时万用表度数趋近于零。

（2）进气压力传感器的检测。

① 蓄电池电极连接。连接万用表，万用表拧至电压挡，未起动汽车时，万用表读数为零。

② 起动汽车，观察万用表度数，发动机怠速稳定后，万用表度数停留在 0.9 V。

③ 踩踏油门踏板，观察万用表度数有浮动，证明进气压力传感器工作正常。

④ 取下万用表，连接示波器，调整示波器波形；

⑤ 踩踏油门踏板时，示波器读取的波形变密集，证明踩踏油门踏板时，进气压力传感器能够在加油过程中监测到进气歧管中的压力变化，证明所测进气压力传感器工作正常。

# 三、参考书目

| 序列 | 书名，材料名称 | 说明 |
|---|---|---|
| 1 | 《智能汽车传感器技术》 | 机械教育出版社 |
| 2 | 《汽车传感器从入门到精通》 | 化学工业出版社 |
| 3 | 《Bosch 汽车电气与电子》 | 北京理工大学出版社 |

学生笔记：

# 任务3　机油压力开关传感器的认知及原理

## 一、任务信息

| 课程 | 智能汽车传感器应用与检测 | |
|---|---|---|
| 模块 | 模块四　压力传感器的应用与检测 | |
| | 任务3　机油压力开关传感器的认知及原理 | |
| 任务难度 | 初级 | |
| 学时 | 0.5学时 | 班级 |
| 成绩 | | 日期 |
| 姓名 | | 教师签名 |
| 案例导入 | 李先生的汽车起动，机油压力指示灯常亮并发出报警，通过本次任务的学习，能后排查该故障的原因 | |
| 能力目标 | 知识 | 能正确描述机油压力开关传感器的作用与分类；<br>能正确地分辨高压机油压力开关和低压机油压力开关传感器安装位置 |
| | 技能 | 能够阅读机油压力传感器分类资料，并制订适宜的工作计划；<br>能正确地掌握机油压力开关传感器工作原理 |
| | 素养 | 能够展示操作成果；<br>能够与团队成员协作完成任务；<br>能够树立自主汽车品牌自信 |
| 课程思政点 | 树立安全意识 | |

## 二、任务流程

### （一）任务准备

课前预习内容，二维码，线上资源。

## （二）任务实施

### 任务 3.1　学习机油压力开关传感器功用与测量原理，并完成以下内容

1. 工作表：机油压力开关传感器认知

（1）机油压力开关的功用有哪些？
_____
_____

（2）图中油压开关的特性表现出：当机油压力无作用时，弹簧推动膜片，触点处于（　　）状态；当机油压力达到规定值时，膜片克服弹簧作用力，使触点处于（　　）状态。

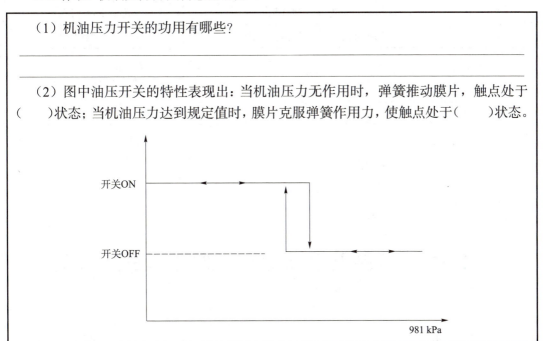

2. 参考信息

（1）发动机机油压力开关传感器的结构。

发动机机油压力开关传感器用于检测发动机有无机油压力，它由膜片、弹簧及触点组成。

（2）发动机机油压力开关传感器的工作原理。

当无机油压力作用时，弹簧推动膜片，触点处于闭合状态（ON）；当机油压力达到规定值时，膜片克服弹簧作用力，使触点开关（OFF）。

组合仪表里，压力开关安装在发动机润滑油路上。压力开关内有受油压作用而动作的膜片及受油压作用而动作的触点，油压指示器的工作原理如图 4-11 所示。

当油压高于规定值时，膜片推起弹簧，触点分开，指示灯熄灭，这时驾驶员应当知道油压已达到规定值；当油压低于规定值时，膜片不具有推动弹簧的作用力，触点闭合，指示灯亮。在正常情况下，触点动作压力在 30~50 kPa。

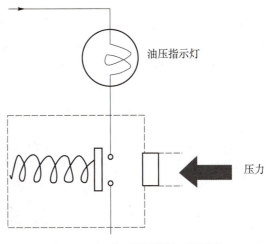

图 4-11　油压指示器的工作原理

## 三、参考书目

| 序列 | 书名，材料名称 | 说明 |
| --- | --- | --- |
| 1 | 《智能汽车传感器技术》 | 机械教育出版社 |
| 2 | 《汽车传感器从入门到精通》 | 化学工业出版社 |
| 3 | 《Bosch 汽车电气与电子》 | 北京理工大学出版社 |

学生笔记：

_____
_____
_____
_____
_____

# 任务 4　制动液压力传感器的认知及原理

## 一、任务信息

| 课程 | 智能汽车传感器应用与检测 | |
| --- | --- | --- |
| 模块 | 模块四　压力传感器的应用与检测 | |
| | 任务 4　制动液压力传感器的认知及原理 | |
| 任务难度 | 初级 | |
| 学时 | 0.5 学时 | 班级 | |
| 成绩 | | 日期 | |
| 姓名 | | 教师签名 | |
| 案例导入 | 林先生开车过程中发现自己车辆的制动出现了问题，主要表现在制动踏板踩到最低，但是制动效果不明显。这是非常危险的行车故障，请通过学习本次任务知识点，正确排查制动故障 | |
| 能力目标 | 知识 | 能正确描述制动压力传感器的作用；<br>能正确地指出制动压力传感器的安装位置 |
| | 技能 | 能够阅读制动压力传感器分类资料，并制订适宜的工作计划；<br>能正确地掌握制动压力传感器的工作原理 |
| | 素养 | 能够展示操作成果；<br>能够与团队成员协作完成任务；<br>能够树立自主汽车品牌自信 |
| 课程思政点 | 树立安全意识 | |

## 二、任务流程

### （一）任务准备

课前预习内容，二维码，线上资源。

### （二）任务实施

任务 4.1　学习制动压力传感器功用与测量原理，并完成以下内容

1. 工作表：制动压力传感器认知

（1）制动压力传感器的功用及安装位置。
_____
_____
_____
_____

（2）制动液压力传感器的结构与工作原理。
_____
_____
_____
_____

2. 参考信息

（1）制动液压力传感器的作用。

制动液压力传感器向发动机控制单元提供制动管路内的实际压力信号。发动机控制单元根据这个压力信号计算出车轮制动力及作用在车上的纵向力。如果需要 ESP 工作，控制单元会将此值用于计算侧导向力。

（2）制动液压力传感器的安装位置。

制动液压力传感器的安装位置如图 4-12 所示。

（3）制动液压力传感器的结构与工作原理。

制动液压力传感器的核心部件有两个：一个压电元件，制动液的压力就作用在其上；另一个是传感器电子元件。它的结构如图 4-13 所示。

如果制动液的压力作用到压电元件上，那么该元件上的电荷分布就会改变。

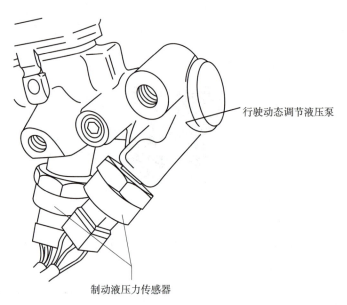

图 4-12　制动液压力传感器的安装位置

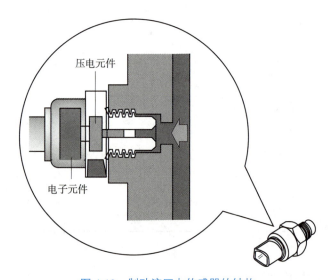

图 4-13　制动液压力传感器的结构

## 三、参考书目

| 序列 | 书名，材料名称 | 说明 |
| --- | --- | --- |
| 1 | 《智能汽车传感器技术》 | 机械教育出版社 |
| 2 | 《汽车传感器从入门到精通》 | 化学工业出版社 |
| 3 | 《Bosch 汽车电气与电子》 | 北京理工大学出版社 |

学生笔记：

# 任务5　其他压力传感器的认知

## 一、任务信息

| 课程 | 智能汽车传感器应用与检测 | |
|---|---|---|
| 模块 | 模块四　压力传感器的应用与检测 | |
| | 任务5　其他压力传感器的认知 | |
| 任务难度 | 初级 | |
| 学时 | 0.5学时 | 班级 |
| 成绩 | | 日期 |
| 姓名 | | 教师签名 |
| 案例导入 | 林先生的汽车更换四季胎后，仪表板上出现了胎压报警指示，请分析这是由什么传感器所发出的报警指示 | |
| 能力目标 | 知识 | 能正确描述轮胎压力传感器及蓄压器压力传感器作用；<br>能正确地指出车辆上其他位置的压力传感器的安装位置 |
| | 技能 | 能够阅读轮胎压力传感器及蓄压器压力传感器工作原理相关资料；<br>能正确地掌握蓄压器压力传感器的工作原理 |
| | 素养 | 能够展示操作成果；<br>能够与团队成员协作完成任务；<br>能够树立自主汽车品牌自信 |
| 课程思政点 | 树立安全意识 | |

## 二、任务流程

### （一）任务准备

课前预习内容，二维码，线上资源。

### （二）任务实施

**任务 4.1** 学习车辆上其他位置的压力传感器的功用与测量原理，并完成以下内容

1. 工作表：车辆上其他位置的压力传感器认知

（1）轮胎压力传感器的作用与分类。

（2）蓄压器压力传感器的结构与工作原理。

2. 参考信息

（1）轮胎压力传感器。

① 轮胎压力传感器的作用。

轮胎压力传感器将轮胎的实时压力信息（绝对压力测量）发送给轮胎压力监控控制单元，用以评估压力情况，如图 4-14 所示。

② 轮胎压力传感器的安装位置。

轮胎压力传感器安装在轮胎和轮毂之间，如图 4-15 所示。

③ 轮胎压力传感器的结构。

轮胎压力传感器主要由发射天线、压力和温度传感器、测量和控制电子装置、电池等构成，其结构如图 4-16 所示。

温度信号用于补偿因温度改变而引起的压力变化，同时还用于自诊断。当温度高于某一限定值时，传感器就停止发送无线电信号。温度补偿由轮胎压力监控控制单元来进行，测出的轮胎压力以 20 ℃时的值为标准值。

图 4-14 轮胎压力传感器

图 4-15 轮胎压力传感器的安装位置

图 4-16 轮胎压力传感器的结构

根据各国情况的不同,现在使用两种不同的载波频率。大多数国家使用 433 MHz 的载波频率。少数国家(如美国)使用 315 MHz 的载波频率。一个封闭系统内的空气压力变化与温度是成比例的。正常情况下,温度每变化 10 ℃,压力变化约 0.1 bar(1 bar=0.1 MPa)。

(2)蓄压器压力传感器。

① 蓄压器压力传感器的作用。

蓄压器压力传感器用于检测牵引力控制系统(TRC)蓄压器油液压力。

② 蓄压器压力传感器的安装位置。

蓄压器压力传感器一般安装在油压控制组件的上方,如图 4-17 所示。

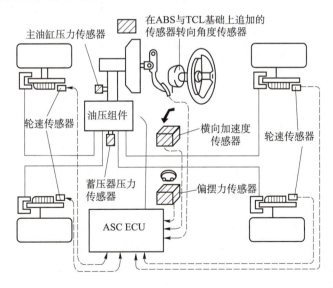
图 4-17 蓄压器压力传感器安装位置示意图

③ 蓄压器压力传感器的结构与工作原理。

蓄压器压力传感器主要由压力检测部分、电路部分等组成。压力检测部分以半导体压敏元件为测量元件。当油液压力低时,它向 ECU 输入低油压信号,启动油泵并使之运转;当油液压力过高时,它输入 ECU 一个高油压信号,油泵停止工作。

## 三、参考书目

| 序列 | 书名,材料名称 | 说明 |
| --- | --- | --- |
| 1 | 《智能汽车传感器技术》 | 机械教育出版社 |
| 2 | 《汽车传感器从入门到精通》 | 化学工业出版社 |
| 3 | 《Bosch 汽车电气与电子》 | 北京理工大学出版社 |

学生笔记:

# 模块五

## 位置、速度与角度传感器的应用与检测

| 学习任务与能力矩阵 ||
|---|---|
| 任务 | 能力 |
| 任务1　位置、速度与角度传感器的认知 | 能够掌握位置、速度与角度传感器的定义；<br>能够掌握位置、速度与角度传感器的分类 |
| 任务2　霍尔式位置、速度与角度传感器应用与检测 | 能够掌握霍尔效应的物理原理；<br>能够掌握霍尔式传感器的工作原理；<br>能够掌握霍尔式传感器的检测方法 |
| 任务3　电磁式位置、速度与角度传感器应用与检测 | 能够掌握电磁感应的物理原理；<br>能够掌握电磁式传感器的工作原理；<br>能够掌握电磁式传感器的检测方法 |
| 任务4　光电式位置、速度与角度传感器应用与检测 | 能够掌握光电效应的物理原理；<br>能够掌握光电式传感器的工作原理；<br>能够掌握光电式传感器的检测方法 |

 任务1　位置、速度与角度传感器的认知

## 一、任务信息

| 课程 | 智能汽车传感器应用与检测 | |
|---|---|---|
| 模块 | 模块五　位置、速度与角度传感器的应用与检测 | |
| 任务1　位置、速度与角度传感器的认知 | | |
| 任务难度 | 初级 | |
| 学时 | 1.5学时 | 班级 |
| 成绩 | | 日期 |
| 姓名 | | 教师签名 |
| 案例导入 | 随着汽车技术的不断发展，汽车的电气属性变得越来越重要，汽车已经成为一部精密控制的电气设备，这就需要通过传感器来获取大量的系统状态信息，如发动机的正常运行需要获取节气门的位置、曲轴的位置和凸轮轴的位置信息，仪表中的制动液和洗涤液报警灯，需要获取制动液位和洗涤液位的位置信息，这些信息都是通过位置、速度与角度传感器采集的 | |
| 能力目标 | 知识 | 能够掌握位置、速度与角度传感器的定义；<br>能够掌握位置、速度与角度传感器的分类 |
| | 技能 | 能够通过传感器名称说出传感器的功用和故障现象 |
| | 素养 | 能够进行团队协作；<br>能够具有严谨的工作态度；<br>能够具有积极解决问题的能力 |
| 课程思政点 | 树立安全意识 | |

## 二、任务流程（以工作流程为标准）

### （一）任务准备

课前预习内容，二维码，线上资源。

## （二）任务实施

**任务 1.1　学习位置、速度与角度传感器定义，并完成以下内容**

1. 工作表：位置、速度与角度传感器定义

（1）位置、速度与角度传感器的定义是什么？
_____
_____

（2）位置、速度与角度传感器的数据采集流程是什么？
_____
_____

（3）位置、速度与角度传感器传感器采集的电信号一般分为几种形式？
_____
_____

2. 参考信息

位置、速度与角度传感器是指能通过某些物理学原理检测并采集被测物体的位置、速度与角度，并转换成可用输出信号的传感器，输出信号通常为电信号。

被测物体在工作运行状态下，其位置、速度和角度等物理量将发生变化，传感器运用物理学原理（如霍尔效应、电磁感应和光电效应等）将物理变化量转换成电信号，并将电信号输出给对应控制器，使整车电控系统获取被测物体的工作状态，如图 5-1 所示。

图 5-1　位置、速度与角度传感器的数据采集流程

位置、速度与角度传感器传感器采集的电信号根据采集原理的不同，一般分为方波和正弦波，电信号一般为电压信号（见图 5-2 和图 5-3）。

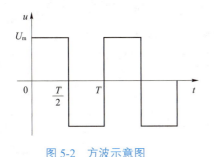

图 5-2　方波示意图

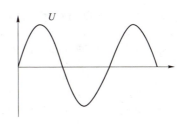

图 5-3　正弦波示意图

**任务 1.2　学习位置、速度与角度传感器的分类，完成以下内容**

1. 工作表：位置、速度与角度传感器的分类

（1）位置、速度与角度传感器都包括哪些传感器？
_____
_____

（2）位置、速度与角度传感器按照被测部件工作状态分为哪几类？
_____
_____

（3）位置、速度与角度传感器按照测量原理分为哪几类？
_____
_____

2. 参考信息

位置、速度与角度传感器主要包括：曲轴位置传感器、凸轮轴位置传感器、轮速传感器、节气门位置传感器、加速踏板位置传感器、制动踏板位置传感器、方向盘转角传感器、燃油箱液位传感器和制动液位传感器等。

位置、速度与角度传感器按照被测部件工作状态分类见表 5-1。

表 5-1　各种位置、速度与角度传感器分类

| 传感器类别 | 传感器名称 | 测量参数 |
| --- | --- | --- |
| 被测部件整周旋转 | 曲轴位置传感器 | 测量曲轴位置信号和曲轴转速 |
|  | 凸轮轴位置传感器 | 测量凸轮轴位置信号和凸轮轴转速 |
|  | 轮速传感器 | 测量车轮的轮速 |
| 被测部件角度变化 | 节气门位置传感器 | 测量节气门开度 |
|  | 加速踏板位置传感器 | 测量油门踏板开度 |
|  | 制动踏板位置传感器 | 测量制动踏板开度 |
|  | 方向盘转角传感器 | 测量方向盘转动角度 |
| 被测部件高度变化 | 燃油箱液位传感器 | 燃油液位高度 |
|  | 制动液位传感器 | 制动液液位高度 |

位置、速度与角度传感器按照测量原理可分为：霍尔式传感器、电磁式传感器和光电式传感器。

**任务 1.3**　学习位置、速度与角度传感器的功用和故障现象，完成以下内容

1. 工作表：位置、速度与角度传感器的功用和故障现象

（1）说出各种位置、速度与角度传感器的功用。
_____
_____

（2）说出各种位置、速度与角度传感器的故障现象。
_____
_____

（3）说出各种位置、速度与角度传感器的安装位置。
_____
_____

2. 参考信息

位置、速度与角度传感器的功用和故障现象如表 5-2 所示。

表 5-2 位置、速度与角度传感器的功用和故障现象

| 传感器名称 | 传感器功用 | 传感器故障现象 |
|---|---|---|
| 曲轴位置传感器 | 曲轴位置传感器是发动机运行时,采集曲轴转角的传感器,是曲轴位置和转速的信号源。发动机控制单元通过曲轴位置传感器获取活塞上下止点和发动机转速,综合其他相关数据控制并优化发动机运行状态,如点火提前角和喷油时间 | 曲轴位置传感器故障后,发动机控制单元无法准确获取到活塞位置和发动机转速,对发动机的控制存在偏差,会导致发动机加速无力、抖动或无法起动等故障 |
| 凸轮轴位置传感器 | 凸轮轴位置传感器是发动机运行时,采集凸轮轴转角的传感器,是配气凸轮轴位置和气门位置的信号源。发动机控制单元通过凸轮轴位置传感器获取进气和排气状态,综合其他相关数据控制并优化发动机运行状态,如点火提前角和喷油时间 | 凸轮轴位置传感器故障后,发动机控制单元无法准确获取到配气气门位置,对发动机的控制存在偏差,会导致加速无力、抖动或无法起动等故障 |
| 轮速传感器 | 轮速传感器是车辆行驶时,采集车轮轮速的传感器,是车速的信号源。ABS控制单元将车速信号上传CAN网络,供需求车速的控制器使用,如仪表将显示车速信号,定速巡航系统车速输入等 | 车速传感器故障后,无法正常并准确地采集车速信号,会导致使用车速信号的系统无法正常工作,如仪表车速信号不准确,定速巡航车速不准确 |
| 节气门位置传感器 | 节气门位置传感器是发动机运行时,采集节气门开度变化的传感器,是进气状态的信号源。发动机控制单元通过加速踏板位置来获取扭矩需求,对节气门开度进行控制,以便发动机获取充足的空气,节气门位置信号为发动机控制单元的负反馈信号 | 节气门位置传感器故障后,无法正常并准确地获取节气门开度状态,会导致发动机的控制存在偏差,出现加速无力、抖动或无法起动等故障 |
| 加速踏板位置传感器 | 加速踏板位置传感器是发动机运行时,采集加速踏板开度变化的传感器,是发动机扭矩需求输入的信号源。发动机依据加速踏板的开度,获取扭矩需求,进而确定喷油量和进气量,最终控制发动机运行 | 加速踏板位置传感器故障后,无法正常并准确地获取加速踏板开度状态及扭矩需求,会导致发动机的控制存在偏差,出现加速无力或车速不稳等故障 |
| 方向盘转角传感器 | 方向盘转角传感器是车辆运行时,采集方向盘转角变化的传感器,是方向盘转角的信号源。EPS控制单元将方向盘转角信号上传到CAN网络,供需求方向盘转角的控制器使用,如车道保持系统进行方向盘转角控制 | 方向盘转角传感器故障后,无法正常并准确地采集方向盘转角信号,会导致使用方向盘转角信号的系统无法正常工作,如车道保持系统控制不准确 |
| 燃油箱液位传感器 | 燃油箱液位传感器是采集燃油箱中燃油量的传感器,是燃油不足报警的信号源,燃油信息显示在仪表上 | 燃油箱液位传感器故障后,无法正常并准确地采集燃油量信息,会导致燃油量不足报警不准确 |
| 制动液位传感器 | 制动液位传感器是采集制动系统中制动液量的传感器,是制动液不足报警的信号源,制动液不足信息显示在仪表上 | 制动液位传感器故障后,无法正常并准确地采集制动液量信息,会导致制动液不足报警不准确 |

# 三、参考书目

| 序列 | 书名,材料名称 | 说明 |
|---|---|---|
| 1 | 《智能汽车传感器技术》 | 机械教育出版社 |
| 2 | 维修手册 | |

学生笔记:

_____
_____
_____
_____
_____
_____
_____

# 任务2  霍尔式位置、速度与角度传感器应用与检测

## 一、任务信息

| 课程 | | 《智能汽车传感器应用与检测》 | |
|---|---|---|---|
| 模块 | | 模块五  位置、速度与角度传感器的应用与检测 | |
| | | 任务2  霍尔式位置、速度与角度传感器应用与检测 | |
| 任务难度 | | 中级 | |
| 学时 | 1.5学时 | 班级 | |
| 成绩 | | 日期 | |
| 姓名 | | 教师签名 | |
| 案例导入 | 霍尔式传感器是非常常用的一种位置、速度与角度传感器,本节课学习霍尔式传感器的相关知识 | | |
| 能力目标 | 知识 | 能够掌握霍尔效应的定义;<br>能够掌握霍尔式传感器的工作原理;<br>能够掌握霍尔式传感器的应用实例 | |
| | 技能 | 能够对霍尔式传感器进行拆装;<br>能够使用万用表检测霍尔式传感器电压、电阻和接地是否存在故障;<br>能够使用示波器采集霍尔式传感器的数据波形 | |
| | 素养 | 能够进行团队协作;<br>能够具有严谨的工作态度;<br>能够具有解决问题的能力 | |
| 课程思政点 | 树立安全意识 | | |

## 二、任务流程（以工作流程为标准）

### （一）任务准备

课前预习内容，二维码，线上资源。

### （二）任务实施

任务 2.1　学习霍尔效应的定义，并完成以下内容

1. 工作表：霍尔效应的定义

（1）霍尔效应的定义。

（2）描述霍尔效应的形成过程。

（3）电荷在磁场场中会受到什么力？

2. 参考信息

霍尔效应现象中霍尔电势差的形成过程如下：

（1）将半导体材料接入一个有电源的电路中，此时电路中就存在电荷的定向移动，形成电流，见图 5-4。

（2）将半导体材料至于磁场中，半导体中的电荷会受到洛伦兹力，定向移动的路径会发生偏移，见图 5-5。

（3）电荷偏移后会形成电场，电荷同时受到电场力和洛伦兹力的作用，二力最终达到平衡，见图 5-6。

（4）如果使用仪表测试半导体两侧的电压，会发现存在电动势，这个电动势就是霍尔电动势，见图 5-7。

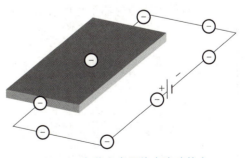

图 5-4　电荷在半导体中流动状态

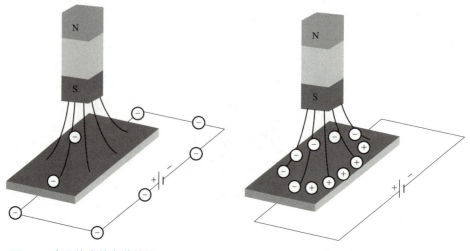

图 5-5　半导体中的电荷偏移　　　　图 5-6　半导体中的电荷稳定偏移

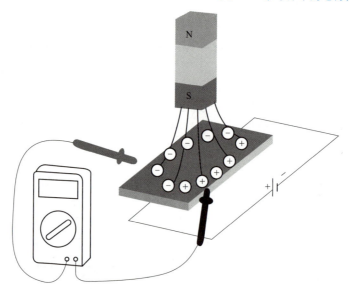

图 5-7　半导体两侧电动势差

## 任务 2.2　学习霍尔式传感器的工作原理，并完成以下内容

1. 工作表：霍尔式传感器的工作原理

（1）霍尔式传感器常见的有哪几种？

（2）描述阻断式霍尔传感器的工作原理。

（3）描述变磁通式霍尔传感器的工作原理。

2. 参考信息

运用霍尔效应发展出以下两种霍尔式传感器，分别是阻断式霍尔传感器和变磁通式霍尔传感器。

（1）阻断式霍尔传感器。

当叶轮的叶片转入磁极和霍尔集成电路之间时，磁场被阻断，霍尔电动势差为0，见图5-8；当叶轮的叶片转出磁极和霍尔集成电路之间时，磁场恢复，产生霍尔电动势差，最终形成脉冲信号，见图5-9。

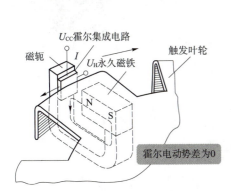 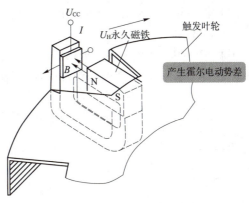

图 5-8　阻断式霍尔传感器阻断状态　　　图 5-9　阻断式霍尔传感器连通状态

（2）变磁通式霍尔传感器。

当转子的两个齿对准霍尔集成电路时，磁场集中穿过霍尔元件，霍尔电势差较大，见图5-10；当转子的一个齿对准霍尔集成电路时，磁场分散穿过霍尔元件，霍尔电动势差较小，最终形成脉冲信号，见图5-11。

 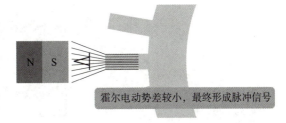

图 5-10　变磁通式霍尔传感器两齿感应状态　　图 5-11　变磁通式霍尔传感器单齿感应状态

任务 2.3　学习霍尔式传感器的应用实例，并完成以下内容。

1. 工作表：霍尔式传感器的应用实例

（1）霍尔式传感器常见的应用有哪些？

（2）以凸轮轴位置传感器为例，描述霍尔式传感器的工作过程。

2. 参考信息

霍尔式传感器（见图5-12）常用在旋转部件的位置和角度测量中，如曲轴位置传感器、凸轮轴位置传感器和轮速传感器。

以凸轮轴位置传感器为例，霍尔式传感器工作过程如下（见图5-13）。

凸轮轴位置传感器由霍尔传感器和脉冲环组成，脉冲环与凸轮轴同步旋转。

当脉冲环接片进入霍尔传感器时，凸轮轴位置传感器输出高电位（4 V）；

当脉冲环的叶片离开霍尔传感器时，凸轮轴位置传感器输出低电位（0.1 V），从而获取凸轮轴位置和角度。

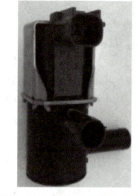

图 5-12　霍尔式传感器实物

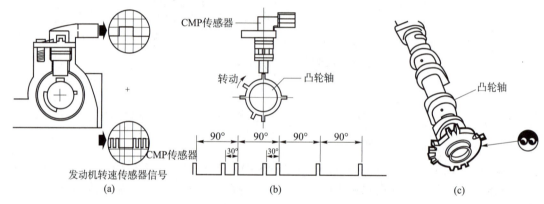

图 5-13　霍尔式凸轮轴位置传感器工作原理

任务2.4　学习霍尔式传感器的检测方法，并完成以下内容。

1. 工作表：霍尔式传感器的检测

（1）霍尔式传感器常规检测项目有哪些？

（2）描述霍尔式传感器的检测过程。

（3）描述霍尔式传感器的信号波形采集过程。

_____

_____

2. 参考信息

在对霍尔式传感器进行常规检测前，需要确定霍尔式传感器各引脚的功能，可以在车载说明书上查找，也可通过反复测量确定。引脚一般包括供电线、接地线和信号线三根。

霍尔式传感器常规检测项目一般包括电压、电阻和接地三种，具体内容见表5-3。

表 5-3 霍尔式传感器常规检测项目及方法

| 检测项目 | 万用表挡位 | 检测引脚 | 检测结果分析 | 备注 |
|---|---|---|---|---|
| 电压 | 直流电压挡（低挡位） | 供电引脚 接地引脚 | 5 V 左右说明供电正常 0 V 左右说明未正常供电 | 传感器处于通电状态 |
| 电阻 | 欧姆挡 | 供电引脚 接地引脚 | 0 Ω 说明传感器内部短路 ∞ 说明传感器内部断路 | 传感器处于断电状态 |
| 接地 | 欧姆挡 | 接地引脚 车身接地点 | 0 Ω 说明传感器接地正常 ∞ 说明传感器接地失效 | 传感器处于断电状态 |

使用示波器进行传感器信号波形的采集，采集引脚为信号引脚和接地引脚，采集的波形为方波，随着发动机转速提高，方波变密集。

# 三、参考书目

| 序列 | 书名，材料名称 | 说明 |
|---|---|---|
| 1 | 《智能汽车传感器技术》 | 工业出版社 |
| 2 | 维修手册 | |

学生笔记：

_____

_____

_____

_____

## 任务 3　电磁式位置、速度与角度传感器应用与检测

### 一、任务信息

| 课程 | 智能汽车传感器应用与检测 | | |
|---|---|---|---|
| 模块 | 模块五　位置、速度与角度传感器的应用与检测 | | |
| | 任务 3　电磁式位置、速度与角度传感器应用与检测 | | |
| 任务难度 | 中级 | | |
| 学时 | 1.5 学时 | 班级 | |
| 成绩 | | 日期 | |
| 姓名 | | 教师签名 | |
| 案例导入 | 电磁式传感器是非常常用的一种位置、速度与角度传感器，本节课学习电磁式传感器的相关知识 | | |
| 能力目标 | 知识 | 能够掌握电磁感应的定义；<br>能够掌握电磁式传感器的工作原理；<br>能够掌握电磁式传感器的应用实例 | |
| | 技能 | 能够对电磁式传感器进行拆装；<br>能够使用万用表检测电磁式传感器电压、电阻和接地是否存在故障；<br>能够使用示波器采集电磁式传感器的数据波形 | |
| | 素养 | 能够进行团队协作；<br>能够具有严谨的工作态度；<br>能够具有解决问题的能力 | |
| 课程思政点 | 树立安全意识 | | |

### 二、任务流程（以工作流程为标准）

#### （一）任务准备

课前预习内容，二维码，线上资源。

## （二）任务实施

### 任务 3.1　学习电磁感应的定义，并完成以下内容

1. 工作表：电磁感应的定义

（1）电磁感应的定义是什么？

（2）描述电磁感应的形成过程。

（3）电磁感应电动势大小与什么参数有关？

2. 参考信息

电磁感应现象中感应电动势的形成过程如下：

（1）磁铁不移动时，磁通量不变化，无电动势，见图 5-14。

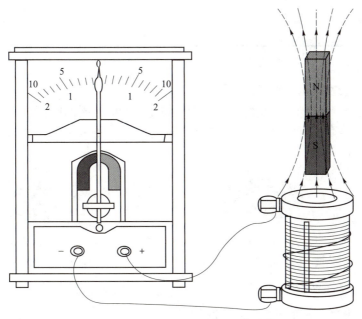

图 5-14　磁通量不变化时，无电动势

（2）磁铁上下移动时，磁通量发生变化，产生电磁感应电动势，见图 5-15。
电磁感应电动势与磁通量变化率有关，磁通量变化率越大电磁感应电动势越大。

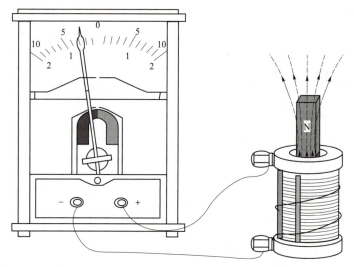

图 5-15　磁通量变化时，产生电磁感应电动势

### 任务 3.2　学习电磁式传感器的工作原理，并完成以下内容

1. 工作表：电磁式传感器的工作原理

（1）描述电磁式传感器的工作原理。

（2）电磁式传感器的波形是什么形状？

2. 参考信息

运用电磁感应发展出电磁式传感器：

当齿轮盘旋转时，相对静止的感应线圈与齿轮盘的间隙周期性变化，磁通量也同步变化，从而在感应线圈中感应出近似正弦波的电压信号，见图 5-16 和图 5-17。

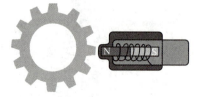　　

图 5-16　轮齿正对磁圈，磁通量大　　　图 5-17　缺轮正对磁圈，磁通量小

### 任务 3.3　学习电磁式传感器的应用实例，并完成以下内容

1. 工作表：电磁式传感器的应用实例

（1）电磁式传感器常见的应用有哪些？

（2）以曲轴位置传感器为例，描述电磁式传感器的工作过程。

2. 参考信息

电磁式传感器（见图 5-18）常用在旋转部件的位置和角度测量中，如曲轴位置传感器、凸轮轴位置传感器和轮速传感器。

以曲轴位置传感器为例，电磁式传感器工作过程如下：

曲轴位置传感器由电磁式传感器和齿轮盘组成，齿轮盘与曲轴同步旋转，当齿轮盘的轮齿靠近电磁式传感器时，曲轴位置传感器输出高电位，当齿轮盘的轮齿远离电磁式传感器时，曲轴位置传感器输出低电位，从而获取曲轴位置（见图 5-19）。

图 5-18　电磁式传感器实物

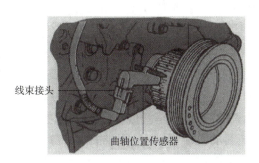

图 5-19　曲轴位置传感器工作原理

任务 3.4　学习电磁式传感器的检测方法，并完成以下内容

1. 工作表：电磁式传感器的检测

（1）电磁式传感器常规检测项目有哪些？

（2）描述电磁式传感器的检测过程。

（3）描述电磁式传感器的信号波形采集过程。

2. 参考信息

在对电磁式传感器进行常规检测前，需要确定电磁式传感器各引脚的功能，可以在车载说明书上查找，也可通过反复测量确定。引脚一般包括供电线、接地线和信号线三根。

电磁式传感器常规检测项目一般包括电压、电阻和接地三种，具体内容见表5-4。

表5-4　电磁式传感器常规检测项目及方法

| 检测项目 | 万用表挡位 | 检测引脚 | 检测结果分析 | 备注 |
| --- | --- | --- | --- | --- |
| 电压 | 直流电压挡（低挡位） | 供电引脚<br>接地引脚 | 5 V左右说明供电正常<br>0 V左右说明未正常供电 | 传感器处于通电状态 |
| 电阻 | 欧姆挡 | 供电引脚<br>接地引脚 | 0 Ω说明传感器内部短路<br>∞说明传感器内部断路 | 传感器处于断电状态 |
| 接地 | 欧姆挡 | 接地引脚<br>车身接地点 | 0 Ω说明传感器接地正常<br>∞说明传感器接地失效 | 传感器处于断电状态 |

使用示波器进行传感器信号波形的采集，采集引脚为信号引脚和接地引脚，采集的波形为正弦波，随着发动机转速提高，正弦波变密集。

# 三、参考书目

| 序列 | 书名，材料名称 | 说明 |
| --- | --- | --- |
| 1 | 《智能汽车传感器技术》 | 机械工业出版社 |
| 2 | 维修手册 |  |

学生笔记：

# 任务 4　光电式位置、速度与角度传感器应用与检测

## 一、任务信息

| 课程 | 智能汽车传感器应用与检测 | | |
|---|---|---|---|
| 模块 | 模块五　位置、速度与角度传感器的应用与检测 | | |
| | 任务 4　光电式位置、速度与角度传感器应用与检测 | | |
| 任务难度 | 中级 | | |
| 学时 | 1.5 学时 | 班级 | |
| 成绩 | | 日期 | |
| 姓名 | | 教师签名 | |
| 案例导入 | 光电式传感器是非常常用的一种位置、速度与角度传感器，本节课学习光电式传感器的相关知识 | | |
| 能力目标 | 知识 | 能够掌握光电效应的定义；<br>能够掌握光电式传感器的工作原理；<br>能够掌握光电式传感器的应用实例 | |
| | 技能 | 能够对光电式传感器进行拆装；<br>能够使用万用表检测电磁式传感器电压、电阻和接地是否存在故障；<br>能够使用示波器采集光电式传感器的数据波形 | |
| | 素养 | 能够进行团队协作；<br>能够具有严谨的工作态度；<br>能够具有解决问题的能力 | |
| 课程思政点 | 树立安全意识 | | |

## 二、任务流程（以工作流程为标准）

### （一）任务准备

课前预习内容，二维码，线上资源。

## （二）任务实施

**任务 4.1　学习光电感应的定义，并完成以下内容**

1. 工作表：光电效应的定义

（1）光电效应的定义。

（2）描述光电感应的形成过程。

（3）光电感应电动势大小与什么参数有关？

2. 参考信息

光电效应中电的产生过程如下：

（1）光敏材料在无灯光照射时，不产生电荷，无电动势，见图 5-20。

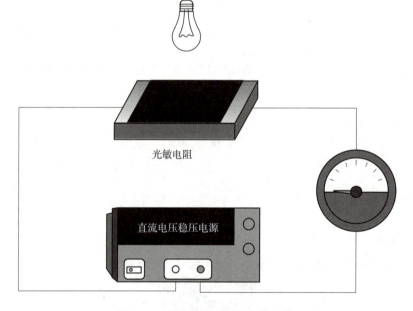

图 5-20　无光线照射时，无电动势

（2）光敏材料被灯光照射时，产生电荷，形成电动势，见图 5-21。
光电效应电动势与光照强度有关，光照越强光电效应电动势越大。

模块五 位置、速度与角度传感器的应用与检测

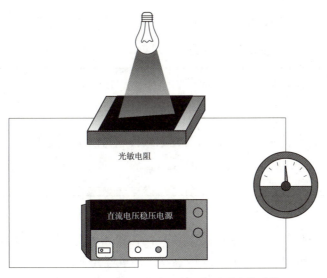

图 5-21 有光线照射时，产生电磁感应电动势

### 任务 4.2 学习光电式传感器的工作原理，并完成以下内容

1. 工作表：光电式传感器的工作原理

（1）描述光电式传感器的工作原理。
_____
_____

（2）光电式传感器的波形是什么形状？
_____
_____

2. 参考信息

运用光电效应发展出光电式传感器：

光电传感器是采用光电元件作为检测元件的传感器。它首先把被测量的变化转换成光信号的变化，然后借助光电元件进一步将光信号转换成电信号（见图 5-22 和图 5-23）。光电传感器一般由光源、光学通路和光电元件三部分组成。

图 5-22 信号盘遮挡光线，光电元件无电动势　　图 5-23 信号盘透过光线，光电元件产生电动势

## 任务4.3 学习光电式传感器的应用实例，并完成以下内容

1. 工作表：光电式传感器的应用实例

（1）光电式传感器常见的应用有哪些？
_____
_____

（2）以方向盘转角传感器为例，描述光电式传感器的工作过程
_____
_____

2. 参考信息

光电式传感器（见图5-24）常用在旋转部件的位置和角度测量中，如方向盘转角传感器。以方向盘转角传感器为例，光电式传感器工作过程如下：

方向盘转角传感器由光电式传感器和信号盘组成，信号盘与方向盘同步旋转，当信号盘透光时，方向盘传感器输出高电位，当信号盘不透光时，方向盘传感输出低电位，从而获取方向盘转角（见图5-25）。

图5-24 光电式传感器实物

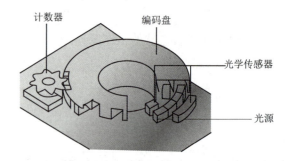

图5-25 光电式方向盘转角传感器工作原理

## 任务4.4：学习光电式式传感器的检测方法，并完成以下内容。

1. 工作表：光电式传感器的检测

（1）光电式传感器常规检测项目有哪些？
_____
_____

（2）描述光电式传感器的检测过程。
_____
_____

（3）描述光电式传感器的信号波形采集过程。
_____
_____

2. 参考信息

在对光电式传感器进行常规检测前，需要确定光电式传感器各引脚的功能，可以在车载说明书上查找，也可通过反复测量确定。引脚一般包括供电线、接地线和信号线三根。

光电式传感器常规检测项目一般包括电压、电阻和接地三种，具体内容见表 5-5。

表 5-5　光电式传感器常规检测项目及方法

| 检测项目 | 万用表挡位 | 检测引脚 | 检测结果分析 | 备注 |
| --- | --- | --- | --- | --- |
| 电压 | 直流电压挡（低挡位） | 供电引脚<br>接地引脚 | 5 V 左右说明供电正常<br>0 V 左右说明未正常供电 | 传感器处于通电状态 |
| 电阻 | 欧姆挡 | 供电引脚<br>接地引脚 | 0 Ω 说明传感器内部短路<br>∞ 说明传感器内部断路 | 传感器处于断电状态 |
| 接地 | 欧姆挡 | 接地引脚<br>车身接地点 | 0 Ω 说明传感器接地正常<br>∞ 说明传感器接地失效 | 传感器处于断电状态 |

使用示波器进行传感器信号波形的采集，采集引脚为信号引脚和接地引脚，采集的波形为方波，随着方向盘转速提高，方波变密集。

# 三、参考书目

| 序列 | 书名，材料名称 | 说明 |
| --- | --- | --- |
| 1 | 《智能汽车传感器技术》 | 机械工业出版社 |
| 2 | 维修手册 | |

学生笔记：

# 模块六

# 超声波传感器的应用与检测

| 学习任务与能力矩阵 ||
| --- | --- |
| 任务 | 能力 |
| 任务1　超声波的认知 | 能够掌握超声波的定义及分类；<br>能够掌握超声波的特性 |
| 任务2　超声波传感器的认知 | 能够掌握超声波传感器的定义及特性；<br>能够掌握超声波传感器的工作原理 |
| 任务3　超声波传感器的应用 | 能够掌握超声波传感器常见应用 |
| 任务4　超声波传感器的安装与调试 | 能够指出超声波传感器的安装位置；<br>能够根据手册对超声波传感器进行安装与调试 |

模块六 超声波传感器的应用与检测

# 任务 1  超声波的认知

## 一、任务信息

| 课程 | 智能汽车传感器应用与检测 | | |
|---|---|---|---|
| 模块 | 模块六 超声波传感器的应用与检测 | | |
| | 任务 1 超声波的认知 | | |
| 任务难度 | 初级 | | |
| 学时 | 1 学时 | 班级 | |
| 成绩 | | 日期 | |
| 姓名 | | 教师签名 | |
| 案例导入 | 蝙蝠在飞行的时候,能从喉内产生超声波,超声波通过口腔发射出去。当超声波遇到昆虫或者障碍物时,会被反射回来,并能够被蝙蝠耳朵接收到,蝙蝠通过反射回来的超声波不仅能计算出距离,还能判断出目标是昆虫还是障碍物。科学家通过对蝙蝠这种探测方法的研究,发明了超声波测距,那么超声波有哪些特点呢? | | |
| 能力目标 | 知识 | 能够掌握超声波的定义;<br>能够掌握超声波的分类;<br>能够掌握超声波的特性 | |
| | 技能 | 能够通过超声波传播图推导出超声波的工作特性 | |
| | 素养 | 能够进行团队协作;<br>能够具有严谨的工作态度;<br>能够具有自我解决问题的能力 | |
| 课程思政点 | 树立安全意识 | | |

## 二、任务流程(以工作流程为标准)

### (一)任务准备

课前预习内容,二维码,线上资源。

·97·

## （二）任务实施

### 任务1.1 学习超声波定义，并完成以下内容

1. 工作表：超声波定义

（1）超声波是指多大频率的声波？
_____
_____

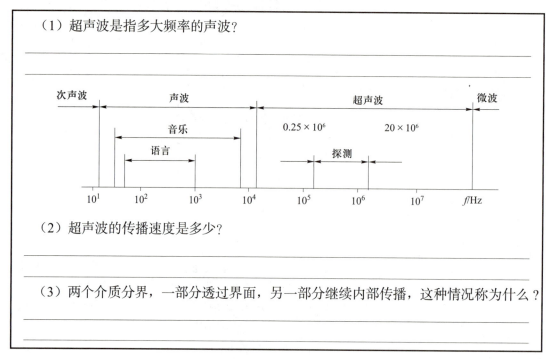

（2）超声波的传播速度是多少？
_____
_____

（3）两个介质分界，一部分透过界面，另一部分继续内部传播，这种情况称为什么？
_____
_____

2. 参考信息

声音以波的形式传播称为声波。频率大于 20 000 Hz 的声波称为超声波，频率小于 20 Hz 的声波称为次声波，频率为 20～20 000 Hz 的声波就是人能够听见的声波。超声波具有频率较高、沿直线传播，方向性好，绕射小，穿透力强，传播速度慢（约 340 m/s）等特点。如图 6-1 所示。

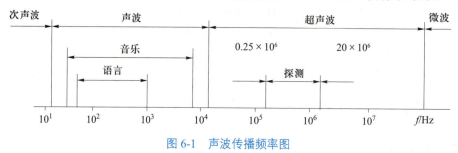

图 6-1 声波传播频率图

声波传播速度会因介质而改变，声速会随着弹性模量的增加而增加。声速＝弹性模量/密度，液体和固体中的声速比气体更快。空气中的声速受温度的影响。空气中的音速 $C=331.5+0.6T$（m/s），其中，$C$ 是空气中的音速，$T$ 是气温（℃）。由于声阻抗率 $Z_0=\rho \cdot C$（其中 $\rho$ 是介质密度，$C$ 是介质中的音速），所以，当介质的声阻抗差较大时，反射增加，当声阻抗差较小时，发生透射。

声波从一种介质传播到另一种介质，在两个介质的分界面上一部分声波被反射，另一

部分透过界面，在另一种介质内部继续传播。这样的两种情况称为声波的反射和折射。如图 6-2 所示。

声波在介质中传播时，随着传播距离的增加，能量逐渐衰减。其声压和声强的衰减规律满足以下函数关系：

$$P_x = P_0 e^{-\alpha x}$$
$$I_x = I_0 e^{-2\alpha x}$$

$P_0$，$I_0$——声波在 $x=0$ 处的声压和声强；

$P_x$，$I_x$——声波在 $x$ 处的声压和声强；

$\alpha$——衰减系数，单位为 Np/cm（奈培/厘米）。

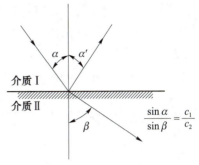

图 6-2 超声波反射与折射图

### 任务 1.2 学习不同类型的超声波特点，完成以下内容

1. 工作表：超声波特点

（1）超声波在不同材料中传播具有哪些特点？
___
___

（2）在不同的介质中超声波的传播速度。

| 传播介质 | $c/(m \cdot s^{-1})$ |
| --- | --- |
| 钢 | |
| 水 | |
| 空气 | |

（3）声源在介质中施力方向与波在介质中传播方向不同，声波的波型主要有哪些？
___
___
___
___

2. 参考信息

不同物体由于组成材料不同，都具有其各自固有的、不同的声阻抗和声速。也就是说，介质中的声速、声阻抗是表示声音传播容易程度的数值。反之，通过发射和收集这些参数，就能判断声波碰到的"障碍物"界面的空间情况。各种介质中的声速和声阻抗见表 6-1。

表 6-1 各种介质中的声速和声阻抗

| 传播介质 | $Z_0 = \rho c$ | $\rho/(kg \cdot m^{-3})$ | $c/(m \cdot s^{-1})$ |
| --- | --- | --- | --- |
| 钢 | $3.85 \times 10^7$ | 7 700 | 5 000 |
| 铝 | $1.404 \times 10^7$ | 2 700 | 5 200 |
| 熔融石英 | $1.188 \times 10^7$ | 2 700 | 4 400 |
| 水 | $1.44 \times 10^6$ | 1 000 | 1 440 |
| 空气 | 408 | 1.2 | 340 |

声源在介质中施力方向与波在介质中传播方向不同，声波的波型也不同。

（1）纵波：质点振动方向与波的传播方向一致的波，能在固体、液体和气体介质中传播。

（2）横波：质点振动方向垂直于传播方向的波，它只能在固体介质中传播。

（3）表面波：质点的振动介于横波与纵波之间，在固体表面的平衡位置做椭圆轨迹沿着固体的表面向前传播的波，其振幅随深度增加而迅速衰减的波。表面波只在固体的表面传播。

### 任务1.3　学习超声波的特性，完成以下内容

1. 工作表：超声波传感器工作原理

（1）说出超声波方向性特点。

_____

_____

（2）说出超声波分辨率特点。

_____

_____

（3）说出超声波衰减特性。

_____

_____

2. 参考信息

超声波具有传播速度因传播介质而异、方向性和分辨率因频率而异的特性。这些性能会影响测量距离、精度和检测范围。将声波应用在探测中，必须对其方向性、分辨率和频率衰减等进行详细的研究。以下简单介绍超声波特性。

（1）方向性：超声波传感器具有从顶部表面开始的圆锥形方向性，将方向性定义为从正面声压到 –6 dB。与光学传感器相比，方向性更宽，但是具有频率越高则方向性越尖锐的特征（见图6-3）。

（2）分辨率：频率越高则分辨率越高。

（3）衰减：频率越高则衰减越大，到达距离越短（见图6-4）。

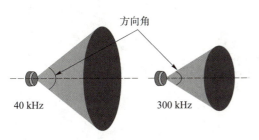

图 6-3　超声波探测频率与方向角的关系

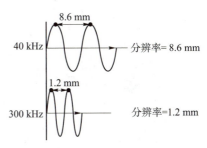

图 6-4　超声波频率与探测距离的关系

## 三、参考书目

| 序列 | 书名，材料名称 | 说明 |
| --- | --- | --- |
| 1 | 《智能汽车传感器技术》 | 机械工业出版社 |
| 2 | 维修手册 | |

学生笔记：

# 任务2 超声波传感器的认知

## 一、任务信息

| 课程 | 智能汽车传感器应用与检测 | |
|---|---|---|
| 模块 | 模块六　超声波传感器的应用与检测 | |
| | 任务2　超声波传感器的认知 | |
| 任务难度 | 初级 | |
| 学时 | 2学时 | 班级 |
| 成绩 | | 日期 |
| 姓名 | | 教师签名 |
| 案例导入 | 超声波传感器能够检测到离车辆较近的障碍物，它是如何进行检测的呢？ | |
| 能力目标 | 知识 | 能够掌握超声波传感器的定义；<br>能够掌握超声波传感器的分类；<br>能够掌握超声波传感器的结构 |
| | 技能 | 能够指出超声波传感器的组成结构 |
| | 素养 | 能够进行团队协作；<br>能够具有严谨的工作态度；<br>能够具有自我解决问题的能力 |
| 课程思政点 | 树立安全意识 | |

## 二、任务流程（以工作流程为标准）

### （一）任务准备

课前预习内容，二维码，线上资源。

## (二) 任务实施

### 任务 2.1　学习超声波传感器的定义及特点，并完成以下内容

1. 工作表：超声波传感器定义及特点

```
（1）超声波传感器的定义。
_____
_____
（2）超声波传感器的特性。
_____
_____
```

2. 参考信息

人们为了研究超声波，以超声波作为检测手段，设计了超声波传感器，又称为超声波换能器或超声波探头。超声波传感器是将超声波信号转换成其他能量信号（通常是电信号）的传感器。超声波传感器具有较好的防尘、防水能力，即使有少量的灰尘遮挡也能正常工作。

### 任务 2.2　学习超声波传感器的分类，并完成以下内容

1. 工作表：超声波传感器的分类

```
（1）超声波传感器分类。
_____
_____
（2）40 kHz 超声波传感器测量特点。
_____
_____
```

2. 参考信息

常用的超声波传感器可以分为两大类：一类是用电气方式产生超声波，如压电式、磁致伸缩式超声波发生器；另一类是机械方式产生超声波，如加尔统笛、液哨和气流旋笛等。

目前，常用探头的工作频率有 40 kHz、48 kHz 和 58 kHz 三种。一般来说，频率越高，灵敏度越高，但水平与垂直方向的探测角度就越小，故一般采用 40 kHz 的探头。超声波传感器在空气中传播时损耗较大，对于常见的 40 kHz 超声波传感器，探测范围在 0.1 ~ 3 m，其测量精度为 1 ~ 3 cm，成本相较于其他雷达传感器便宜许多。通过上述分析可以看出，无论是从功能还是成本上，超声波传感能够很好地满足汽车的探测的需求。

### 任务 2.3　学习超声波传感器的结构及工作原理，并完成以下内容

1. 工作表：超声波传感器的结构及工作原理

```
（1）超声波传感器主要由_____、_____控制部分与电源组成。
（2）压电式超声波传感器的工作过程。
_____
_____
```

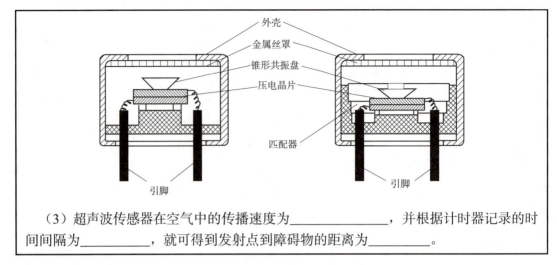

（3）超声波传感器在空气中的传播速度为_____，并根据计时器记录的时间间隔为_____，就可得到发射点到障碍物的距离为_____。

2. 参考信息

超声波传感器主要由发射传感器、接收传感器、控制部分与电源等组成。发射传感器由波发送器与陶瓷振子换能器组成。换能器的作用是将陶瓷振子的电振动能量转换成超能量并向空中辐射；而接收传感器由陶瓷振子换能器与放大电路组成，换能器接收波产生机械振动，将其转化为电能量，作为传感器接收器的输出，从而对发送的超声波进行检测。控制部分主要对发送器发送的脉冲链频率、占空比及稀疏调制和计数及探测距离等进行控制，图6-5所示为超声波传感器内部结构图。

目前较常用的是电器方式中的压电式超声波传感器，其结构包括两个压电晶片和一个锥形振子。当在其两极外加电压脉冲信号，压电元件变形引起空气振动，当其频率等于压电晶片的固有振荡频率时，压电晶片将会发生共振，并带动共振板振动，便产生超声波。相反，如果两电极间未外加电压，当共振板接收到超声波时，将压迫压电晶片振动，将机械能转换为电信号，这时它就成为超声波接收器了。压电式超声波传感器结构如图6-6所示。

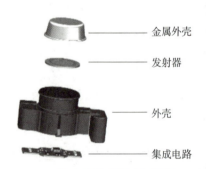

图6-5 超声波传感器内部结构图

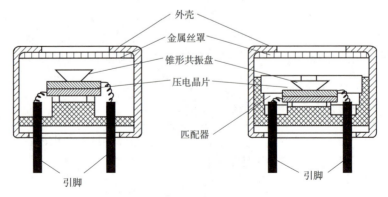

图6-6 压电式超声波传感器结构

超声波测距是通过向障碍物发射超声波,超声波在空气中传播,当遇到障碍物后超声波被反射回来,由超声波接收器接收回波信号。在整个过程中,利用计时器对发射超声波与接收超声波的时间间隔进行计数,得到其传播时间,如图6-7和图6-8所示。

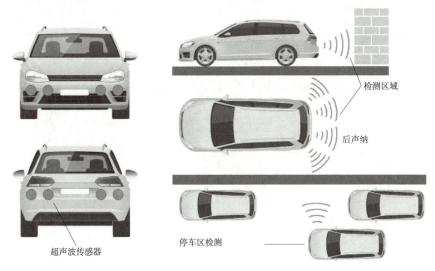

图6-7 超声波传感器探测示意图

超声波在空气中的传播速度为 $v$,并根据计时器记录的时间间隔为 $\Delta t$,就可得到发射点到障碍物的距离为:

$$s = \frac{v \Delta t}{2}$$

常温下超声波的传播速度 $v$ 为 340 m/s,其传播速度 $v$ 受空气中温度、湿度等的影响,受温度影响较大,一般温度每升高 1℃,声速增加约 0.6 m/s。因此在测距精度要求较高的情况下,应通过温度补偿的方法对其传播速度进行纠正。

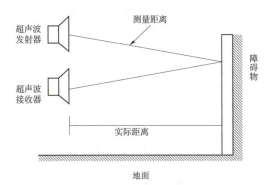

图6-8 超声波传感器工作原理

## 三、参考书目

| 序列 | 书名,材料名称 | 说明 |
|---|---|---|
| 1 | 《智能汽车传感器技术》 | 机械工业出版社 |
| 2 | 维修手册 | |

学生笔记:
___
___
___
___
___
___
___

# 任务3 超声波传感器的应用

## 一、任务信息

| 课程 | 智能汽车传感器应用与检测 | |
|---|---|---|
| 模块 | 模块六 超声波传感器的应用与检测 | |
| | 任务3 超声波传感器的应用 | |
| 任务难度 | 初级 | |
| 学时 | 1学时 | 班级 |
| 成绩 | | 日期 |
| 姓名 | | 教师签名 |
| 案例导入 | 超声波传感器在汽车上应用广泛,说出超声波传感器的应用 | |
| 能力目标 | 知识 | 能够掌握超声波传感器在泊车辅助系统中的应用;<br>能够掌握超声波传感器在泊车库位检测中的应用;<br>能够掌握超声波传感器在智能泊车系统中的应用 |
| | 技能 | 能够在车上启动相应功能 |
| | 素养 | 能够进行团队协作;<br>能够具有安全操作意识;<br>能够具有自我解决问题的能力 |
| 课程思政点 | 树立安全意识 | |

## 二、任务流程（以工作流程为标准）

### （一）任务准备

课前预习内容，二维码，线上资源。

### （二）任务实施

任务 3.1　学习超声波传感器的应用，并完成以下内容

1. 工作表：超声波传感器的应用

（1）自动泊车系统的工作过程。
_____
_____

（2）泊车库位检测工作过程。
_____
_____

（3）智能泊车系统工作过程。
_____
_____

2. 参考信息

（1）泊车辅助系统。

超声波传感器是最早的辅助驾驶应用。汽车的泊车辅助系统使用超声波传感器测量车辆与障碍物（例如墙壁）的距离，并将接近程度通知驾驶员，如图 6-9 所示。

泊车辅助系统工作原理（见图 6-10）大致分为以下三步。

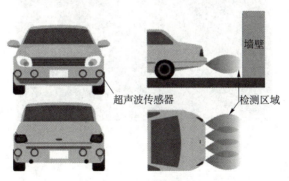

图 6-9　超声波探测示意图

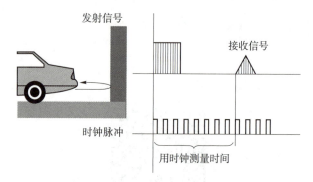

图 6-10 超声波传感器探测示意图

① 发射脉冲信号，超声波从障碍物反射，根据到接收到反射波为止的时间测量距离。

② 发射脉冲信号时，将发送时钟脉冲，并使用时钟测量时间。

③ 反射时间(s)×声速(340 m/s)=到障碍物的距离(往返)。

泊车辅助系统应用所需的特性，不仅能够即时检测到后方的墙壁等大面积的障碍，还需要判断"缘石"的影响；另外，车载超声波传感器要尽量以一个装置去覆盖最大的面积，以减少装置数量。最后，泊车辅助系统还需要能够检测到极端靠近的距离，这对所使用的超声波传感器的方向性能提出更高要求，即垂直方向上较窄，水平方向上较宽，而余响时间更短 (见图 6-11)。

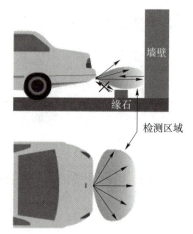

图 6-11 泊车辅助系统检测区域

(2) 超声波传感器泊车库位检测。

泊车方向控制两个超声波测距雷达采集距离数据根据泊车模式信息确定最小尺寸阈值，并对汽车速度进行积分，然后根据距离数据和速度积分数据检测停车位。再然后融合两个超声波测距雷达的检测结果确定有效停车位，最后根据最小距离数据确定障碍点位置坐标。泊车库位检测一般采用远程长距超声波传感器（见图 6-12）。

图 6-12 泊车库位检测

(3) 智能泊车系统。

智能网联汽车在泊车过程中会持续使用超声波传感器检测车位和障碍物，自动操作方向盘和制动器，实现自动泊车。如大众第三代超声波半自动泊车系统。泊车辅助系统通常使用 5~12 个超声波传感器，车后部的 4 个短距超声波传感器负责探测倒车时与障碍物之间的距离，两侧的长距超声波传感器负责探测停车位空间实现自动泊车功能。

## 三、参考书目

| 序列 | 书名，材料名称 | 说明 |
|---|---|---|
| 1 | 《智能汽车传感器技术》 | 机械工业出版社 |
| 2 | 维修手册 | |

学生笔记：

## 任务 4　超声波传感器的安装与调试

### 一、任务信息

| 课程 | 智能汽车传感器应用与检测 | |
|---|---|---|
| 模块 | 模块六　超声波传感器的应用与检测 | |
| | 任务 4　超声波传感器的安装与调试 | |
| 任务难度 | 中级 | |
| 学时 | 4学时 | 班级 |
| 成绩 | | 日期 |
| 姓名 | | 教师签名 |
| 案例导入 | 汽车发生轻微剐蹭后，倒车辅助系统一直处于报警状态，发现是超声波传感器发生错位。如何对超声波传感器进行安装？ | |
| 能力目标 | 知识 | 能够掌握超声波传感器安装位置；<br>能够掌握超声波传感器安装步骤 |
| | 技能 | 能够安装超声波传感器；<br>能够对超声波传感器进行检测 |
| | 素养 | 能够进行团队协作；<br>能够具有安全操作意识；<br>能够具有自我解决问题的能力 |
| 课程思政点 | 树立安全意识 | |

### 二、任务流程（以工作流程为标准）

#### （一）任务准备

课前预习内容，二维码，线上资源。

## （二）任务实施

### 任务 4.1　学习超声波传感器安装位置，并完成以下内容

1. 工作表：超声波传感器安装位置

（1）超声波传感器安装在 _____。
（2）UPA 安装在 _____，APA 安装在 _____。
（3）UPA 和 APA 各自有什么特点？
_____
_____
_____

2. 参考信息

车载的超声波传感器一般安装在汽车的保险杠上，隐藏在保险杠的某个位置，如图 6-13 所示。

超声波传感器未安装的样子如图 6-14 所示。

图 6-13　超声波传感器在实车上安装位置

图 6-14　超声波传感器

常见的超声波传感器有两种。第一种是安装在汽车前后保险杠上的，也就是用于测量汽车前后障碍物的倒车雷达，这种雷达业内称为 UPA；第二种是安装在汽车侧面的，用于测量侧方障碍物距离的超声波传感器，业内称为 APA。

UPA：安装前后保险杠，用于测量前后障碍物，探测距离一般在 15~250 cm，主要用于测量汽车前后方的障碍物。

APA：安装车侧方，用于测量侧方障碍物，探测距离一般在 30~500 cm。APA 的探测范围更远，因此相比于 UPA 成本更高、功率也更大。

UPA 和 APA 探测示意图如图 6-15~图 6-17 所示。

图 6-15　单个 UPA 的探测范围示意图

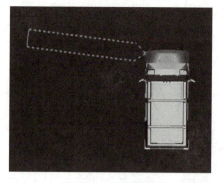

图 6-16  单个 APA 的探测范围示意图

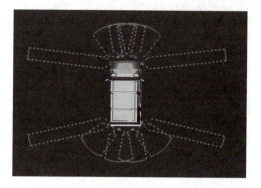

图 6-17  UPA、APA 探测示意图

## 任务 4.2  学习超声波传感器参数，并完成以下内容

1. 工作表：超声波传感器参数

（1）超声波传感器四个参数分别指_____、_____、_____和
_____。

（2）UPA 超声波传感器探测角度一般为_____，APA 探测角度一般为_____。

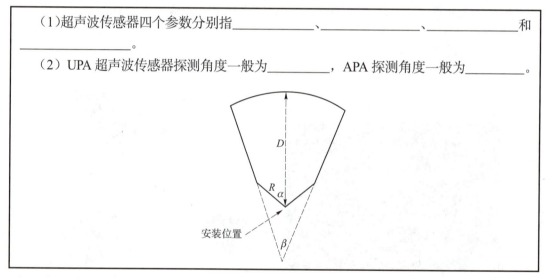

2. 参考信息

虽然 UPA 和 APA 无论在探测距离还是探测形状上区别很大，但是它们依然可以用同样的数学模型描述，描述一个超声波传感器的状态需要如下四个参数，其数学模型示意图如图 6-18 所示。

参数 1：$\alpha$

$\alpha$ 是超声波传感器的探测角，一般 UPA 的探测角为 120°左右，APA 的探测角比 UPA 小，大概为 80°。

参数 2：$\beta$

$\beta$ 是超声波传感器检测宽度范围的影响因素之一，该角度一般较小。UPA 的 $\beta$ 为 20°左右，APA 的 $\beta$ 比较特殊，为 0°。

参数 3：$R$

$R$ 也是超声波传感器检测宽度范围的影响因素之一，UPA 和 APA 的 $R$ 值差别不大，都在 0.6 m 左右。

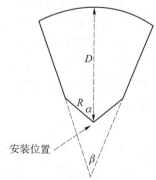

图 6-18  数学模型示意图

参数 4：$D$

$D$ 是超声波传感器的最大量程。UPA 的最大量程为 2~2.5 m，APA 的最大量程为 5 m 以上。

## 任务 4.3  学习超声波传感器安装及调试，并完成以下内容

1. 作任务（中级）：如何对超声波传感器进行拆装？

| 主题 | 超声波传感器在汽车上的拆装 |
|---|---|
| 说明 | ● 超声波传感器的拆卸<br>● 超声波传感器的安装 |

2. 工作表：超声波传感器安装及调试

（1）获取车辆信息：

车辆 VIN：　　　　　　行驶里程：

（2）根据维修手册获取维修数据：

| 项目 | 维修数据 |
|---|---|
| 超声波传感器个数 |  |
| 超声波传感器安装高度 |  |
| 超声波传感器工作频率 |  |

（3）按照要求对超声波传感器进行安装调试。

① 安装准备工作。

_____

_____

_____

② 安装超声波传感器的步骤。

_____

_____

_____

③ 超声波传感器调试。

_____

_____

④ 5S 整理。

3. 参考信息

奔腾 B50 超声波传感器拆装步骤：

（1）拆后备厢内衬卡口（只拆靠近左右尾灯的）；

（2）把尾灯总成的电源插头拔下来，然后把尾灯螺帽卸了把尾灯拆下来；

（3）拆尾灯下方保险杠与车体连接的螺钉，拆下两边靠外的塑料卡扣；

（4）拆卸保险杠和后翼子板的连接处螺钉（在后轮靠保险杠的内衬里，要把这块内衬扒开，用手摸一下位置，是自下往上拧下）；

（5）从后轮位置把保险杠向外扒，分离保险杠和翼子板；

（6）拆除保险杠底部两个塑料卡扣；

（7）拆除保险杠与车体连接的塑料卡扣；

（8）拆卸保险杠；

（9）将超声波传感器插接器断开；

（10）取下超声波传感器；

（11）安装超声波传感器前，检查超声波传感器的发射端、接收端是否完好；

（12）检查超声波传感器各通信端子是否完好；

（13）安装超声波传感器，注意安装位置前方一定不要有遮挡，否则会干扰超声波信号；

（14）探头应该与地面基本平行（无论探头支架是否左右倾斜）；

（15）探头面不能陷入凹槽，否则会探测到这些物体，产生误报或不稳定；

（16）探头安装高度一般为 550~700 mm；

（17）安装探头时，用手按压超声波探头正面靠边缘的塑料处，不要按压中间位置；

（18）连接超声波传感器上的插头连接并联锁，安装完成。

超声波传感器调试：

当安装完毕后，接通超声波传感器电源，通过观察超声波传感器的数据流情况，确保超声波传感器安装和连接准确。

## 三、参考书目

| 序列 | 书名，材料名称 | 说明 |
| --- | --- | --- |
| 1 | 《智能汽车传感器技术》 | 机械工业出版社 |
| 2 | 维修手册 | |

学生笔记:

# 模块七

# 毫米波雷达的应用与检测

| 学习任务与能力矩阵 ||
|---|---|
| 任务 | 能力 |
| 任务1 毫米波的认知 | 能够掌握毫米波的定义；<br>能够掌握毫米波的特点 |
| 任务2 毫米波雷达的认知 | 能够掌握毫米波雷达的定义及结构；<br>能够掌握毫米波雷达的分类；<br>能够掌握毫米波雷达的特点 |
| 任务3 毫米波雷达的工作原理 | 能够掌握毫米波雷达的工作原理 |
| 任务4 毫米波雷达的应用 | 能够掌握毫米波雷达的应用 |
| 任务5 毫米波雷达的安装与调试 | 能够指出毫米波雷达的安装位置；<br>能够根据手册对毫米波雷达进行安装与调试 |

## 任务 1　毫米波的认知

### 一、任务信息

| 课程 | 智能汽车传感器应用与检测 | |
|---|---|---|
| 模块 | 模块七　毫米波雷达的应用与检测 | |
| | 任务 1　毫米波的认知 | |
| 任务难度 | 初级 | |
| 学时 | 1 学时 | 班级 |
| 成绩 | | 日期 |
| 姓名 | | 教师签名 |
| 案例导入 | 近年来，随着对毫米波系统需求的增长，毫米波技术在研制发射机、接收机、天线以及毫米波器件等方面有了重大突破，毫米波雷达进入了各种应用的新阶段，毫米波为什么会这么受欢迎呢？ | |
| 能力目标 | 知识 | 能够掌握毫米波的定义；<br>能够掌握毫米波的特点 |
| | 技能 | 能够与其他电磁波对比说出毫米波特点 |
| | 素养 | 能够进行团队协作；<br>能够具有严谨的工作态度；<br>能够具有自我解决问题的能力 |
| 课程思政点 | 树立安全意识<br>树立科技创新意识 | |

### 二、任务流程（以工作流程为标准）

#### （一）任务准备

课前预习内容，二维码，线上资源。

## （二）任务实施

### 任务 1.1　学习毫米波的定义及特点，并完成以下内容

1. 工作表：毫米波的定义及特点

（1）毫米波的定义。

（2）毫米波的特点有哪些？

2. 参考信息

波长为 1～10 mm（频域在 30～300 GHz）的电磁波称毫米波，它位于微波与远红外波相交叠的波长范围，因而兼有两种波普的特点。毫米波的理论和技术分别是微波向高频的延伸和光波向低频的发展。

毫米波具有以下特点：

（1）极宽的带宽，通常认为毫米波频率范围为 30～300 GHz，带宽高达 270 GHz；

（2）波束窄，在相同天线尺寸下毫米波的波束要比微波的波束窄得多；

（3）全天候通信，与激光相比，毫米波的传播受气候的影响要小得多；

（4）安全保密性好。

## 三、参考书目

| 序列 | 书名，材料名称 | 说明 |
| --- | --- | --- |
| 1 | 《智能汽车传感器技术》 | 机械工业出版社 |
| 2 | 维修手册 | |

学生笔记：

#  任务 2　毫米波雷达的认知

## 一、任务信息

| 课程 | 智能汽车传感器应用与检测 | |
|---|---|---|
| 模块 | 模块七　毫米波雷达的应用与检测 | |
| | 任务 2　毫米波雷达的认知 | |
| 任务难度 | 初级 | |
| 学时 | 1 学时 | 班级 |
| 成绩 | | 日期 |
| 姓名 | | 教师签名 |
| 案例导入 | 毫米波传感器可以进行相应障碍物距离和位置等信息的测量，为什么在车上还要安装毫米波雷达进行障碍物的探测呢？毫米波雷达具有哪些特点呢？ | |
| 能力目标 | 知识 | 能够掌握毫米波雷达的定义；<br>能够掌握毫米波雷达的特点；<br>能够掌握毫米波雷达的分类 |
| | 技能 | 能够区分不同类型的毫米波雷达 |
| | 素养 | 能够进行团队协作；<br>能够具有严谨务实的工作态度；<br>能够具有自我解决问题的能力 |
| 课程思政点 | 树立安全意识<br>树立科技创新意识 | |

## 二、任务流程（以工作流程为标准）

### （一）任务准备

课前预习内容，二维码，线上资源。

## （二）任务实施

**任务 2.1　学习毫米波雷达的定义，并完成以下内容**

1. 工作表：毫米波雷达的定义

（1）毫米波雷达的定义。
_____
_____

（2）从左往右说出毫米波雷达的结构名称。
_____
_____
_____

2. 参考信息

毫米波雷达是指工作在毫米波（频域 30～300 GHz，波长 1～10 mm）波段的雷达。主要由天线、射频组件、信号处理模块以及控制电路等构成。其中天线和射频组件是最核心的硬件部分。射频组件负责毫米波信号调制、发射、接收以及回波信号的解调等，为满足车载雷达小体积、低成本等要求，目前最主流的方案就是将射频组件集成化，即单片微波集成电路（MMIC）。MMIC 通过半导体工艺在砷化镓（GaAs）、锗硅（SiGe）或硅（Si）芯片上集成了包括低噪声放大器（LNA）、功率放大器、混频器、上变频器、检波器等多个功能电路。通过 MMIC 芯片，射频组件具有了集成度高、成本低等特点，大幅简化了毫米波雷达的结构。

毫米波雷达组成如图 7-1 所示。

图 7-1　毫米波雷达组成

**任务 2.2　学习毫米波雷达的特点，并完成以下内容**

1. 工作表：毫米波雷达的特点

（1）毫米波雷达可实现远距离感知与探测，雷达可以实现超过 200 m 的感知与探测，能够满足 _____ 行驶环境下对较大距离范围内的环境检测需要。

（2）毫米波雷达 _____ 适应性决定了其成为智能网联汽车主力传感器的核心地位。

（3）毫米波雷达缺点有哪些？
_____
_____
_____

2. 参考信息

毫米波雷达具有探测性能稳定、作用距离较长、识别精度高、环境适用性好等特点。

但毫米波雷达分辨力不高，对行人探测反射波较弱，无法精确识别行人、交通标示符号和信号灯，对周围障碍物不能进行精确建模，需与视觉传感器互补使用。毫米波雷达具有以下特点。

（1）探测性能稳定：可实现远距离感知与探测，由于毫米波在大气中衰减弱，所以可以探测感知到更远的距离，远距离雷达可以实现超过 200 m 的感知与探测，能够满足高速行驶环境下对较大距离范围内的环境检测需要。

（2）环境适应性良好：毫米波雷达波束窄、频带宽、分辨率高，无论在洁净空气中还是在雨雾、烟尘、污染中的衰减都弱于红外线、微波等，具有更强的穿透能力，可以保证车辆在任何天气下的正常运行。全天候适应性决定了其成为智能网联汽车主力传感器的核心地位。毫米波雷达相比于激光有更强的穿透性，能够轻松地穿透保险杠上的塑料，因此常被安装在汽车的保险杠内。这也是为什么很多具备 ACC 的车上明明有毫米波雷达，却很难从外观上发现它们。

（3）体积小巧紧凑，识别精度较高：毫米波波长短，天线口径小，元器件尺寸小，这使得毫米波雷达系统体积小、重量轻，容易安装在汽车上。对于相同的物体，毫米波雷达的截面积大、灵敏度较高，可探测和定位小目标。

目前，毫米波雷达在汽车中主要用于自适应巡航系统 ACC、前碰撞预警系统 FCW、盲点监控系统 BSD 等汽车安全系统。

虽然毫米波雷达优点众多，但是单一的毫米波雷达传感器还是存在缺陷，如探测范围小、可靠性较低等。特别是在转弯、并线、上下坡等复杂的行驶状况下，很容易探测不到目标车辆，导致虚警、漏警等现象。路两边静态的护栏、树木等事物也会使其不能很好地判断目标，从而产生虚警现象。为避免此类现象的发生，需要增加毫米波雷达传感器的个数，并结合视觉传感器一起使用，降低其虚警率及漏警率。

**任务 2.3　学习毫米波雷达的分类，并完成以下内容**

1. 工作表：毫米波雷达的分类

（1）毫米波雷达根据电磁波辐射方式不同分为_____和_____。
（2）毫米波雷达按照探测距离可分为_____、_____和_____。
（3）77 GHz 的毫米波雷达特点。
_____
_____
_____

2. 参考信息

毫米波雷达可以按照工作原理、探测距离和频段进行分类。

（1）按电磁波辐射方式的不同可分为两类：脉冲雷达和连续波雷达。

脉冲雷达在工作时，发送具有一定周期性的脉冲电磁波，通过发射脉冲与接收脉冲之间的时间间隔以及多普勒频移来确定目标信息，当目标距离很近时，发射脉冲和接收脉冲之间的时间差非常小，需要采用高速信号处理技术，近距离脉冲雷达系统就变得十分复杂，成本也大幅上升，因此，脉冲雷达一般用于长距离的目标探测，不适合应用于汽车中。

连续波雷达又可分为恒频连续波雷达 CW、频移键控雷达 FSK、相移键控雷达 PSK、调频连续波雷达 FMCW。恒频连续波雷达可以通过目标的多普勒频移信息来测速，但是不能测量距离。频移键控雷达可测量被测目标的距离和速度信息，但是难以测量多个目标。相移键控雷达能够测量目标的距离和速度信息，但对分辨率要求较高时，对信号处理的要求较高，就目前技术水平难以实现。调频连续波雷达可以对多个目标进行距离和速度测量，且分辨率高，信号处理复杂度较低、成本低，技术相对成熟。通过以上分析，在汽车上装载调频连续波雷达能够更好地实现相关功能。

（2）按探测距离可分为三类：近距离（SRR）、中距离（MRR）和远距离（LRR）毫米波雷达（见图 7-2）。

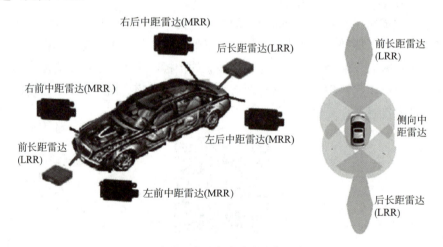

图 7-2　不同类型毫米波雷达安装位置

（3）按频段分为四种：24 GHz、60 GHz、77 GHz 和 79 GHz，汽车中主流可用频段为 24 GHz 和 77 GHz（见图 7-3）。

① 24 GHz 频段。

处在 24 GHz 频段上的雷达的检测距离有限，因此常用于检测近处的障碍物（车辆），探测距离在 50～70 m，探测幅度宽，分辨率可达到 cm 级。24 GHz 毫米波雷达探测角度大，一般安装在汽车的四个角上，能够实现的 ADAS 功能有盲点检测、变道辅助等；在自动驾驶系统中常用于感知车辆近处的障碍物，为换道决策提供感知信息。

② 77 GHz 频段。

与 24 GHz 毫米波雷达相比，77 GHz 毫米波雷达，探测距离更远、体积更小、制作工艺更高、检测精度更好。77 GHz 主要用于长距离雷达，探测距离在 150~250 m，窄带雷达，探测分辨率一般为 0.3~1.0 m，性能良好的 77 GHz 雷达的最大检测距离可以达到 160 m 以上，77 GHz 毫米波雷达具备更高的识别精度、更高的信噪比以及更强的穿透能力等，77 GHz 毫米波雷达由于其较小的体积更容易实现单芯片的集成。77 GHz 毫米波雷达因为探测距离远，主要用于前向，因此常被安装在前保险杠上，正对汽车的行驶方向。长距离雷达能够用于实现紧急制动、高速公路跟车等 ADAS 功能；同时也能满足自动驾驶领域，对障碍物距离、速度和角度的测量需求。

③ 79 GHz 频段。

该频段的传感器能够实现的功能和 77 GHz 一样，也是用于长距离的测量。

根据公式：光速 = 波长 × 频率，频率更高的毫米波雷达，其波长越短。波长越短，意味着分辨率越高；而分辨率越高，意味着在距离、速度、角度上的测量精度更高。因此 79 GHz 的毫米波雷达必然是未来的发展趋势。

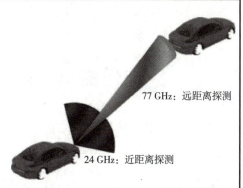

图 7-3　24 GHz 和 77 GHz 毫米波雷达探测示意图

## 三、参考书目

| 序列 | 书名，材料名称 | 说明 |
| --- | --- | --- |
| 1 | 《智能汽车传感器技术》 | 机械教育出版社 |
| 2 | 维修手册 | |

学生笔记：

# 任务3　毫米波雷达的工作原理

## 一、任务信息

| 课程 | 智能汽车传感器应用与检测 | | |
|---|---|---|---|
| 模块 | 模块七　毫米波雷达的应用与检测 | | |
| | 任务3　毫米波雷达工作原理 | | |
| 任务难度 | 初级 | | |
| 学时 | 1学时 | 班级 | |
| 成绩 | | 日期 | |
| 姓名 | | 教师签名 | |
| 案例导入 | 毫米波雷达可以对物体的位置、速度、方位等信息进行探测，它是如何进行检测的呢？ | | |
| 能力目标 | 知识 | 能够掌握毫米波雷达的测距原理；<br>能够掌握毫米波雷达的测速原理 | |
| | 技能 | 能够与其他电磁波对比说出毫米波特点 | |
| | 素养 | 能够进行团队协作；<br>能够具有严谨的工作态度；<br>能够具有自我解决问题的能力 | |
| 课程思政点 | 树立安全意识<br>树立科技创新意识 | | |

## 二、任务流程（以工作流程为标准）

### （一）任务准备

课前预习内容，二维码，线上资源。

## (二)任务实施

### 任务 3.1　学习毫米波雷达工作原理,并完成以下内容

**1. 工作表:毫米波雷达的工作原理**

毫米波雷达的工作原理是什么?
_____
_____
_____
_____

**2. 参考信息**

图 7-4 所示为车用调频连续波结构,信号源压控振荡器 VCO 在调制信号作用下产生高频电信号作为发射信号,发射信号在耦合器作用下一部分进入混频器当中,作为本振信号,另一部分则通过天线以电磁波形式进行发射。有一部分发射信号在遇到目标车辆(障碍物)时,会被反射回来被接收天线接收,被返回的信号叫作回波信号。在混频器中,回波信号与本振信号一起进行混频,得到中频信号 IF,其频率、相位和幅值都包含目标车辆(障碍物)的信息,对这些信息进行一定的处理就可以得到目标车辆与雷达之间的相对距离和相对速度等信息,从而可以进一步服务于主动防撞、自动巡航等智能系统。

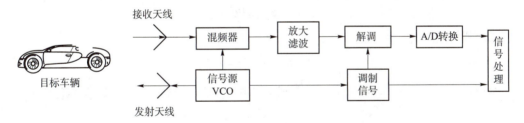

图 7-4　调频连续波雷达工作原理框图

### 任务 3.2　学习毫米波雷达测距、测速原理,并完成以下内容

**1. 工作表:毫米波雷达的测距、测速原理**

(1)调频连续波毫米波雷达测量静止目标的距离公式。
_____

(2)毫米波雷达测量方位的原理。
_____
_____

**2. 参考信息**

调频连续波毫米波雷达可以采用不同调制方式(三角波调制、方波调制、阶梯调制等)对雷达频率进行调制,本书仅对三角波调制进行相关分析。

调频连续波毫米波雷达检测示意图如图 7-5 所示。

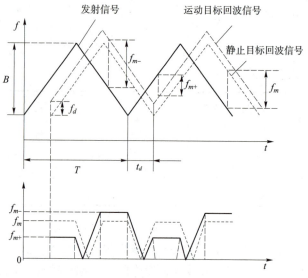

图 7-5　调频连续波毫米波雷达检测示意图

由多普勒原理知静止目标的回波延时为 $\tau = \dfrac{2R}{c}$，式中，$c$ 为光速，$R$ 为车辆与目标车辆的距离。假设雷达的工作频率为 $f_0$ 调制周期为 $T$，当目标为静止物体时，多普勒频移 $f_d=0$，上升沿和下降沿的中频频率 $f_m$ 相等，时间延迟 $t_d=\tau$。

发射频率为：

$$f_t = f_0 + \frac{Bt}{T}$$

回波频率为：

$$f_r = f_0 + \frac{B}{T}(t - t_d)$$

中频频率 $f_m = f_t - f_r = \dfrac{2B\tau}{T}$，将 $\tau = \dfrac{2R}{c}$ 带入其中整理可得自车与目标车辆的距离：

$$R = \frac{cTf_m}{4B}$$

当目标运动时，发射信号波形与回波信号波形之间存在多普勒平移 $f_d$，上升沿和下降沿中频频率不再相同，上升沿为 $f_{m+}$，下降沿为 $f_{m-}$，但两者存在一定的关系，通过分析检测示意图可得：

$$f_{m+} = f_m - f_d$$
$$f_{m-} = f_m + f_d$$

多普勒频移正负与运动目标的相对运动方向有关，通过对以上两式的整理可得：

$$f_m = \frac{f_{m+} + f_{m-}}{2} \tag{1}$$

$$f_d = \frac{f_{m-} - f_{m+}}{2} \tag{2}$$

将 $f_m = \dfrac{4BR}{Tc}$ 带入式（1）得：

$$R = \frac{cT}{8B}(f_{m+} + f_{m-})$$

自车与前方目标车辆相对速度为 $v$，发射波波长为 $\lambda$，根据多普勒原理得多普勒频移 $f_d$ 与 $v$ 关系为：

$$f_d = \frac{2v}{\lambda}$$

联合式（2）得相对运动速度：

$$v = \frac{\lambda}{4}(f_{m-} - f_{m+})$$

$v$ 值正负与相对运动方向有关，一般目标靠近时为正值，反之为负值。

毫米波雷达方位测量主要包括水平角度和垂直角度的测量，通过毫米波雷达的发射天线（TX）发射出毫米波后，遇到被监测物体，反射回来，通过毫米波雷达并列的接收天线（$RX_1$ 和 $RX_2$），收到同一监测目标反射回来的毫米波，根据反射回波的相位差（$b$）以及 $RX_1$ 和 $RX_2$ 间的距离（$d$），就可以通过三角函数计算出被监测目标的方位角（$\alpha_{AZ}$）。为了提高方位的测量精度，使用大量阵列天线来构成窄波束的方法。如图 7-6 所示。

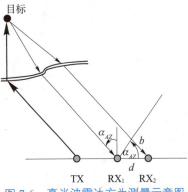

图 7-6 毫米波雷达方为测量示意图

## 三、参考书目

| 序列 | 书名，材料名称 | 说明 |
| --- | --- | --- |
| 1 | 《智能汽车传感器技术》 | 机械教育出版社 |
| 2 | 维修手册 | |

学生笔记：

## 任务 4　毫米波雷达的应用

### 一、任务信息

| 课程 | 智能汽车传感器应用与检测 | | |
|---|---|---|---|
| 模块 | 模块七　毫米波雷达的应用与检测 | | |
| | 任务 4　毫米波雷达的应用 | | |
| 任务难度 | 初级 | | |
| 学时 | 1 学时 | 班级 | |
| 成绩 | | 日期 | |
| 姓名 | | 教师签名 | |
| 案例导入 | 毫米波雷达在汽车中应用比较广泛，很多功能的实现都需要毫米波雷达作为感知部件，毫米波雷达在汽车中有哪些常见应用呢？ | | |
| 能力目标 | 知识 | 能够掌握毫米波雷达的应用；<br>能够掌握毫米波雷达在不同系统中的作用 | |
| | 技能 | 能够辨识不同毫米波雷达的应用 | |
| | 素养 | 能够进行团队协作；<br>能够具有严谨的工作态度；<br>能够具有自我解决问题的能力 | |
| 课程思政点 | 树立安全意识<br>树立科技创新意识 | | |

### 二、任务流程（以工作流程为标准）

#### （一）任务准备

课前预习内容，二维码，线上资源。

## （二）任务实施

### 任务4.1　学习毫米波雷达在汽车中的应用，并完成以下内容

1. 工作表：毫米波雷达在汽车中的应用

（1）毫米波雷达在汽车中的应用有哪些？
_____
_____
_____

（2）写出下列简称的含义。

| 简称 | 辅助系统 | 简称 | 辅助系统 |
| --- | --- | --- | --- |
| FCW |  | ACC |  |
| AEB |  | LCA |  |
| BSD |  | PDS |  |
| BPA |  | PA |  |

2. 参考信息

根据毫米波雷达开发的功能用于智能网联汽车的主要有：自适应巡航 ACC、自动紧急制动 AEB、前向碰撞预警 FCW、变道辅助 LCA、盲点检测 BSD、行人检测系统 PDS。

毫米波雷达应用示意如图 7-7 所示。

图 7-7　毫米波雷达应用示意图

毫米波雷达根据波的传播理论可知波的频率越高，波长越短，分辨率越高，穿透能力越强，但在传播过程的损耗也越大，传输距离越短；波的频率越低，波长越长，绕射能力越强，传输距离越远。所以与微波相比，毫米波的指向性好，抗干扰能力强和探测性能好。与红外波相比，毫米波的大气衰减小，对烟雾和灰尘具有更好的穿透性，受天气影响小。

为了满足不同距离范围的探测需要，一辆汽车上会安装多个近距离、中距离和远距离毫米波雷达。24 GHz 雷达系统主要实现近距离（SRR）探测，77 GHz 雷达系统主要实现

中距离（MRR）和远距离（LRR）探测。不同的毫米波雷达在车辆前方、侧方和后方发挥不同的作用。毫米波雷达在智能网联汽车 ADAS 中的应用广泛，例如自适应巡航控制需要 3 个毫米波雷达，车辆正中间一个 77 GHz 的 LRR，探测距离在 150～250 m，角度为 10°左右；车辆两侧各一个 24 GHz 的 SRR，角度都为 30°，探测距离在 50～70 m。

近距离和远距离毫米波雷达探测功能示意图如图 7-8 和图 7-9 所示。

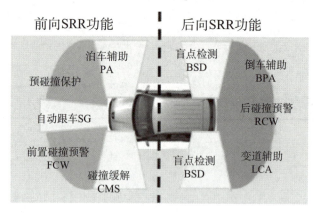

图 7-8　近距离毫米波雷达功能示意图

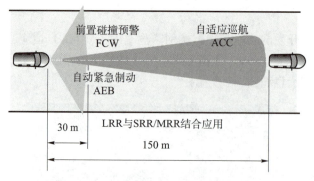

图 7-9　远距离毫米波雷达功能示意图

毫米波雷达 77 GHz 频率范围是全球装配永久认可的权威频段，因此更适用于全球车辆平台。76～77 GHz 主要用于长距离毫米波雷达，77～81 GHz 主要用于中短距离毫米波雷达。长期来看，最终车载毫米波雷达将会统一于 77 GHz 频段（76～81 GHz），该频段带宽更大、功率水平更高、探测距离更远。相比于 24 GHz 和 77 GHz 毫米波雷达物体分辨准确度提高 2～4 倍，测速和测距精确度提高 3～5 倍，能检测行人和自行车，且设备体积更小，更便于在车辆上安装和部署。

## 任务 4.2　学习毫米波雷达在智能交通中的应用，并完成以下内容

1. 工作表：毫米波雷达在智能交通中的应用

---

（1）智能交叉路口的工作原理。


（2）智能高速的工作原理。


（3）智能停车场工作原理。

---

2. 参考信息

毫米波雷达用于智能交通的应用主要有：智能交叉路口、智能高速/快速路、智能停车场等。

（1）智能交叉路口。

毫米波雷达分别架设在十字路口四个方向的红绿灯杆上，通过检测四个方向双向不同车道 200 m 范围的交通流信息，实现交通信息实时检测、交通信号灯感应控制等功能，可优化十字路口红绿灯的配时方案，动态调整交通信号控制机的各车道红绿灯设置时间，提高十字路口的通行效率，减少拥堵。

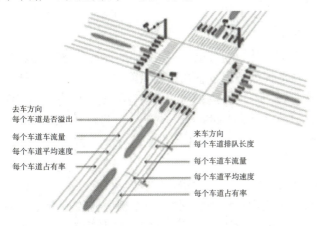

安装在路侧的交通雷达，具备目标检测、目标类型识别、车流量统计、车速检测、目标状态跟踪、车队长度检测等能力。车载毫米波雷达可以实时检测车辆周围目标速度、位置等信息，除作为本车规划与决策单元的有效输入之外，将此信息上传至交叉路口智能网联平台，成为交叉路口交通信息的有效补充。毫米波雷达和摄像头联动，辅助管理部门对

交叉路口内的车辆进行交通执法。

合理布局毫米波雷达设备，实现雷达监视范围覆盖所有路口，可有效感知整个交叉路口的交通信息，掌控整个交叉路口交通状态。路侧交通雷达监视各路口车辆、行人状态，车载毫米波雷达融合其他设备感知本车周围障碍物信息，所有感知信息、信号灯信息、交通管理信息等上传至智能网联平台。车辆订阅智能网联平台，获取盲区信息、信号灯信息、交通管控信息等。交叉路口控制中心通过智能网联平台获取车辆、非机动车、行人等状态信息，利用局部协同控制算法技术优化设置信号灯相位、规划车辆行驶路线及速度，实现车辆、非机动车辆、行人等安全、快速通行。

（2）智能高速/快速路。

高速公路/城市快速路（见图 7-10）对驶入车辆类型、车速有明确规定，划分有超车道、快车道、慢车道、应急车道，对每个车道的车速范围有明确的限制，禁止行人、非机动车、超标车辆等进入，行驶环境相对于普通道路较简单，作为城市市区内、城市间路网主干，承担着较大比重的交通量。

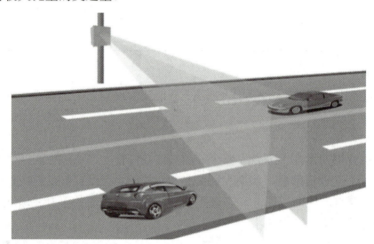

图 7-10　智能高速/快速路

行驶路段路侧安装交通雷达，具有交通计数与分类、事件检测、应急车道占用、与摄像头联动执法等功能。长距雷达可在高速行驶环境下感知远距离障碍物，角向雷达辅助车辆感知周围信息，为变道超车、自动巡航、防止碰撞、列队行驶等提供感知信息。车内智能检测雷达，检测驾驶人员、乘客人数、乘客人员的心率与呼吸，可防止疲劳驾驶、人员超载，并具备人员健康状况检测功能。

（3）智能停车场。

毫米波雷达可前装或后装在道闸机外壁，实时检测通过的车辆或行人。安装和维护非常简便灵活。对目标检测精度高，可达到分米级。对不同类型车辆的检测概率高达99.99%。具备穿透雨雪能力，在酷暑、暴雨、大雪、冰雹、雾霾等恶劣天气条件下，也能昼夜连续工作。能够有效采集停车位信息，数据信息会被传送到停车管理控制中心，使得管理控制中心对停车位的管理变得更加智能，见图 7-11。

 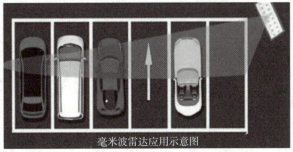

图 7-11　智能停车场

## 三、参考书目

| 序列 | 书名，材料名称 | 说明 |
|---|---|---|
| 1 | 《智能汽车传感器技术》 | 机械教育出版社 |
| 2 | 维修手册 | |

学生笔记：

# 任务 5　毫米波雷达的安装与调试

## 一、任务信息

| 课程 | 智能汽车传感器应用与检测 | |
|---|---|---|
| 模块 | 模块七　毫米波雷达的应用与检测 | |
| | 任务 5　毫米波雷达的安装与调试 | |
| 任务难度 | 中级 | |
| 学时 | 4 学时 | 班级 |
| 成绩 | | 日期 |
| 姓名 | | 教师签名 |
| 案例导入 | 汽车发生碰撞后，汽车主动防撞预警系统、自适应巡航等辅助系统一直处于报警状态，发现是毫米波雷达发生错位，如何对毫米波雷达进行安装与调试呢？ | |
| 能力目标 | 知识 | 能够掌握毫米波雷达的安装位置；<br>能够掌握毫米波雷达的安装步骤 |
| | 技能 | 能够安装毫米波雷达；<br>能够对毫米波雷达进行调试 |
| | 素养 | 培养安全操作意识；<br>能够具有严谨的工作态度；<br>能够进行团队协作 |
| 课程思政点 | 树立安全意识<br>树立科技创新意识 | |

## 二、任务流程（以工作流程为标准）

### （一）任务准备

课前预习内容，二维码，线上资源。

## （二）任务实施

### 任务 5.1　学习毫米波雷达安装条件，并完成以下内容

1. 工作表：毫米波雷达安装条件

（1）毫米波雷达安装位置。
_____
_____

（2）毫米波雷达安装附件的条件是什么？
_____
_____

2. 参考信息

车载毫米波雷达安装于车辆前部的进气格栅或者前后部的保险杠位置。雷达天线罩指向车辆行驶方向，接插件朝下。在理想情况下，雷达安装的前端天线罩前方最好不要有额外的覆盖件或者经过喷涂的保险杠。如果雷达必须安装于覆盖件之后，例如保险杠或者其他的覆盖件，需要特别注意覆盖件的材料选择、形状设计、涂料以及雷达的相对位置。覆盖件表面的水滴、水膜和积雪都可能引起额外的信号衰减并进一步导致性能和功能受限。

（1）开放式安装：要求雷达与周边的最小距离大于 10 mm，保证即使是在冬天的环境中积雪或冰粘在间隙时仍有空气流通。

（2）非开放式安装：若将雷达安装于覆盖件的后方，覆盖件上毫米波穿过的部分需要具有不阻碍电磁波发射的特性，该覆盖件可认为是一种天线罩，而从原则上讲天线罩不应用导电材料（如金属）。

### 任务 5.2　学习毫米波雷达安装，并完成以下内容

1. 工作表：毫米波雷达安装

（1）获取车辆信息：
车辆 VIN：_____　行驶里程：_____
（2）根据维修手册获取维修数据：

| 项目 | 维修数据 |
| --- | --- |
| 有无侧向毫米波雷达 | |
| 正向毫米波雷达位置 | |
| 毫米波雷达安装高度 | |
| 毫米波雷达工作频率 | |

（3）按照要求对毫米波雷达进行安装。
① 安装准备工作。

② 安装毫米波雷达的步骤。

③ 5S 整理。

2. 参考信息

（1）正向毫米波雷达布置：正向毫米波雷达一般布置在车辆中轴线，外露或隐藏在保险杠内部。雷达波束的中心平面要求与路面基本平行，考虑雷达系统误差、结构安装误差、车辆载荷变化后，需保证与路面夹角的最大偏差不超过 5°。

另外，在某些特殊情况下，正向毫米波雷达无法布置在车辆中轴线上时，允许正 Y 向最大偏置距离为 300 mm，偏置距离过大会影响雷达的有效探测范围。

（2）侧向毫米波雷达布置：侧向毫米波雷达在车辆四角呈左右对称布置，前侧向毫米波雷达与车辆行驶方向成 45° 夹角，后侧向毫米波雷达与车辆行驶方向成 30° 夹角，雷达波束的中心平面与路面基本平行，角度最大偏差仍需控制在 5° 以内。

（3）毫米波雷达布置高度：毫米波雷达在 Z 方向探测角度一般只有 ±5°，雷达安装高度太高会导致下盲区增大，太低又会导致雷达波束射向地面，地面反射带来杂波干扰，影响雷达的判断。因此，毫米波雷达的布置高度（即地面到雷达模块中心点的距离）一般建议在 500（满载状态）~ 800 mm（空载状态）。

毫米波雷达安装位置如图 7-12 所示。

图 7-12 毫米波雷达安装位置

毫米波传感器安装步骤：

（1）检查毫米波雷达传感器上雷达罩的卡子是否损坏；

（2）调整毫米波雷达的安装位置和安装角度，安装毫米波雷达；

（3）连接毫米波雷达上的插头连接并联锁，安装完成。

毫米波传感器安装注意事项：

（1）装饰罩冲外，确认好插头方向；

（2）安装位置离地 50 cm 以上；
（3）保证水平、垂直方向不差过 ±2°。

### 任务 5.3　学习毫米波雷达调试，并完成以下内容

1. 工作表：毫米波雷达调试

（1）调试的目的是什么？

_____
_____

（2）根据使用手册及维修手册获取数据。

| 项目 | 要求 |
| --- | --- |
| 是否将车辆停放在水平区域 | |
| 垂直方向误差范围 | |
| 毫米波雷达周围是否有杂物 | |
| 检查调试信号是否正常 | |

（3）按照要求对毫米波雷达进行调试。
① 安装准备工作。

_____
_____
_____

② 调试毫米波雷达的步骤。

_____
_____
_____

③ 5S 整理。

_____
_____

2. 参考信息

调试的目的是通过水平仪以及 SDA 调试，确定雷达轴线与车辆行驶轴线在水平及垂直方向上的偏差，再使二者重合在一个允许的范围内。调试的流程如下：

（1）将车辆停放在水平区域，移除雷达周边部件，正确安装水平仪。

（2）调节垂直方向校准螺栓（右下角螺栓），使水平仪显示数值接近地面倾斜度数值误差在 ±0.3° 范围内。

（3）小心拆下水平仪，尽量避免拆卸过程中对垂直角度的影响。安装其他部件如保险杠等（牌照安装在保险杠上），检查车况（燃油、车况和胎压等），保证在公共道路驾驶的安全性。

（4）通过诊断设备开启售后校准服务，在诊断仪中点击"开始驾驶校准"。

（5）按照驾驶模式的要求，驾驶校准模式的驾驶条件，直到校准进度条达到 100%。

（6）垂直方向校准的环境条件。

毫米波雷达的垂直方向安装调试使用水平仪进行，校准时要求如下：停放车辆的校准场地必须水平，倾斜度在 –0.3°～0.3°，或校准场地的倾斜度可测。保证雷达表面清洁。

（7）水平方向校准的环境条件。

毫米波雷达的水平方向校准使用 SDA 进行，校准时环境要求如下：

① 雷达表面保持清洁，无积雪、泥土等覆盖物。

② 避免在雨雪天进行校准。

③ 道路旁边需要静止金属目标，例如灯柱、路牌等，推荐具有金属栏杆的高速或高架路况。

（8）驾驶校准模式的驾驶条件：当开始驾驶校准后，车辆必须在一定条件下行驶，才可使驾驶校准的进度条逐渐增加至 100%。

## 三、参考书目

| 序列 | 书名，材料名称 | 说明 |
| --- | --- | --- |
| 1 | 《智能汽车传感器技术》 | 机械教育出版社 |
| 2 | 维修手册 | |

学生笔记：

# 模块八

# 激光雷达的应用与检测

| 学习任务与能力矩阵 ||
|---|---|
| 任务 | 能力 |
| 任务1　激光的认知 | 能够掌握激光的定义及分类；<br>能够掌握激光的特性 |
| 任务2　激光雷达的认知 | 能够掌握激光雷达的定义及特性；<br>能够掌握激光雷达的结构和分类 |
| 任务3　激光雷达的工作原理 | 能够掌握激光雷达的工作原理 |
| 任务4　激光雷达的应用 | 能够掌握激光雷达常见应用 |
| 任务5　激光雷达的安装与调试 | 能够指出激光雷达的安装位置；<br>能够根据手册对激光雷达进行安装与调试 |

# 任务 1　激光的认知

## 一、任务信息

| 课程 | 智能汽车传感器应用与检测 | |
|---|---|---|
| 模块 | 模块八　激光雷达的应用与检测 | |
| | 任务 1　激光的认知 | |
| 任务难度 | 初级 | |
| 学时 | 1 学时 | 班级 |
| 成绩 | | 日期 |
| 姓名 | | 教师签名 |
| 案例导入 | 激光雷达在智能网联汽车中应用比较广泛，很多功能的实现都需要激光雷达作为感知部件，激光雷达所使用的是激光射线，那么什么是激光呢？它又有哪些特性呢？ | |
| 能力目标 | 知识 | 能够掌握激光的定义；<br>能够掌握激光的特性 |
| | 技能 | 能够说出激光的四大特性 |
| | 素养 | 能够进行团队协作；<br>能够具有严谨的工作态度；<br>能够具有自我解决问题的能力 |
| 课程思政点 | 树立安全意识<br>树立科技创新意识 | |

## 二、任务流程（以工作流程为标准）

### （一）任务准备

课前预习内容，二维码，线上资源。

## (二)任务实施

### 任务 1.1　学习激光定义,并完成以下内容

1. 工作表:激光定义

| 目前主流的激光雷达发射的激光波长为多少? |
|---|
|  |
|  |

2. 参考信息

激光雷达是工作在光波频段的雷达,它利用光波频段的电磁波先向目标发射探测信号,然后将其接收到的同波信号与发射信号相比较,从而获得目标的位置(距离、方位和高度)、运动状态(速度、姿态)等信息,实现对目标的探测、跟踪和识别。

与传统雷达使用无线电波相比,激光雷达使用激光射线,其射线波长一般在 600~1 000 nm,远远低于传统雷达所使用的波长。因此,激光雷达在测量物体距离和表面形状可达到更高的精准,一般精准度可以达到厘米级。

激光的传播受外界环境影响较小,激光雷达能够检测的距离一般可达 100 m 以上。它是一种用于精确获得三维位置信息的传感器,其在智能网联汽车中的作用相当于人类的眼睛,能够确定物体的位置、大小、外部形貌甚至材质,激光具有高方向性、高亮度、高单色性和高相干性四大特性。

光谱如图 8-1 所示。激光频谱图如图 8-2 所示。

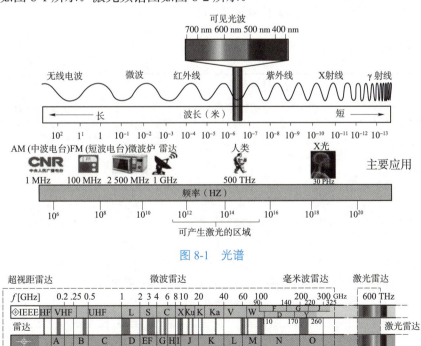

图 8-1　光谱

图 8-2　激光频谱图

激光光束可以准确测量视场中物体轮廓边沿与设备间的相对距离,这些轮廓信息组成点云图并绘制出 3D 环境地图。

**任务 1.2　学习激光的特性,完成以下内容**

1. 工作表:激光特性

---
激光具有哪些特性?
_____
_____
---

2. 参考信息

激光主要有四大特性:高方向性、高亮度、高单色性和高相干性。

(1) 高方向性:普通光向四面八方辐射,而激光基本沿某一直线传播,激光束的发散角很小,能有效地传递较长的距离的同时,还能保证聚焦得到极高的功率密度。

(2) 高亮度:激光在单位面积、单位立体角内的输出功率特别大。激光器能产生宽度极窄的光脉冲,由于能量被集中在极短的时间内发射出来,因此光功率极高。

(3) 高单色性:光的颜色由光的波长(或频率)决定,激光器输出的光波长分布范围非常窄,因此颜色极纯。由于激光的单色性极高,从而保证了光束能精确地聚焦到焦点上,得到很高的功率密度。

(4) 高相干性:光由光子组成,具有粒子性,从激光器中发射出来的光量子由于共振原理,在波长、频率、偏振方向都是一致的,从而具有非常强的干涉力,一般称作激光的相干性。激光时间相干性好,相干长度可达几十千米。

# 三、参考书目

| 序列 | 书名,材料名称 | 说明 |
| --- | --- | --- |
| 1 | 《智能汽车传感器技术》 | 机械工业出版社 |
| 2 | 维修手册 | |

学生笔记:

# 任务 2　激光雷达的认知

## 一、任务信息

| 课程 | 智能汽车传感器应用与检测 | |
|---|---|---|
| 模块 | 模块八　激光雷达的应用与检测 | |
| | 任务 2　激光雷达的认知 | |
| 任务难度 | 初级 | |
| 学时 | 1 学时 | 班级 |
| 成绩 | | 日期 |
| 姓名 | | 教师签名 |
| 案例导入 | 客户来到某智能网联汽车销售服务公司进行车辆维修，该车激光雷达损坏，小刘作为维修人员，对业务还不是很熟悉，需要先了解激光雷达的结构和特点，为后续的维修做铺垫 | |
| 能力目标 | 知识 | 能够掌握激光雷达的定义；<br>能够掌握激光雷达的分类；<br>能够掌握激光雷达的结构 |
| | 技能 | 能够较熟练地说出激光雷达的结构和分类 |
| | 素养 | 能够进行团队协作；<br>能够具有严谨的工作态度；<br>能够具有自我解决问题的能力 |
| 课程思政点 | 树立安全意识<br>树立科技创新意识 | |

## 二、任务流程（以工作流程为标准）

### （一）任务准备

课前预习内容，二维码，线上资源。

## （二）任务实施

**任务 2.1　学习激光雷达的定义，查阅相关资料，并完成以下内容**

1. 工作表：激光雷达的定义

（1）什么是激光雷达？
_____
_____

（2）激光雷达的安装位置一般在哪里？
_____
_____

（3）什么是点云？
_____
_____

2. 参考信息

激光雷达以激光束为信息载体，通过发射激光光束来扫描环境，通过搜集反射回来的光束，形成点云和获取数据，数据经光电处理后生成精确的三维立体图像（见图 8-3）。根据距离及激光发射的角度，通过几何变化推导出物体的位置信息（距离、方位和高度）、运动状态（速度、姿态）等信息，实现对目标的探测、跟踪和识别。

激光雷达（见图 8-4）使用激光射线，激光具有高方向性、高亮度、高单色性和高相干性四大特性，其射线波长一般为 600～1 000 nm。

与视觉识别系统相比，激光雷达能解决图像模糊问题，通过激光雷达技术，可以跟踪目标，获得周围环境的深度信息。

图 8-3　装有激光雷达的智能网联汽车

图 8-4　激光雷达外形

激光雷达通过测量激光信号的时间差、相位差确定距离，通过水平旋转扫描或相控扫描测角度，并根据这两个数据建立二维的极坐标系；再通过获取不同俯仰角度的信号获得第三维的高度信息。

高频激光可在 1 s 内获取大量（$10^6$～$10^7$ 数量级）的位置点信息，激光雷达采集到的物理信息呈现出一系列分散的、具有准确角度和距离信息的点，被称为点云，并根据这些信息进行三维建模。除了获得位置信息外，它还可通过激光信号的反射率初步区分不同材质。通过激光雷达获取的环境点云，可以准确地获得高精度的空间环境信息，测距精度达厘米级，见图 8-5。

图 8-5　激光雷达点云图

### 任务2.2　学习激光雷达的特点，查阅相关资料，并完成以下内容

1. 工作表：激光雷达的特点

| 激光雷达的特点有哪些？ |
| --- |
|  |
|  |

2. 参考信息

（1）分辨率高。

激光雷达工作于光学波段，具有极高的距离分辨率、角分辨率和速度分辨率。通常激光雷达的距离分辨率可达 0.1 m；角分辨率不低于 0.1 mrad，即可以分辨 3 km 距离上相距 0.3 m 的两个目标，可同时跟踪多个目标；速度分辨率可达 10 m/s 以内。

（2）探测范围广。

激光雷达的探测距离可达 300 m 以上。

（3）抗干扰能力强。

激光波长短，可发射发散角非常小的激光束，多路径效应小（不会形成定向发射，与微波或者毫米波产生多路径效应），可探测低空/超低空目标。

（4）可全天时工作。

激光主动探测，不依赖于外界光照条件或目标本身的辐射特性。它只需发射自己的激光束，通过探测发射激光束的回波信号来获取目标信息。但是，激光雷达不能识别交通标志和交通信号灯。

### 任务2.3　学习激光雷达的类型，查阅相关资料，并完成以下内容

1. 工作表：激光雷达的类型

| （1）激光雷达如何分类？ |
| --- |
|  |
|  |

（2）机械激光雷达与固态激光雷达的区别是什么？

（3）单线激光雷达的优缺点是什么？

2. 参考信息

（1）激光雷达根据扫描方式不同，可分为机械激光雷达、固态激光雷达和混合固态激光雷达。

① 机械激光雷达是最早应用于自动驾驶的激光雷达类型，以 Velodyne 推出的几款产品最为知名。其特点是激光发生器竖直排列并可以 360° 旋转，通过旋转对四周环境进行全面的扫描，一般置于汽车顶部。

机械激光雷达（见图 8-6）最大的优点是可以通过物理旋转进行 3D 扫描，对周遭环境进行全面的覆盖形成点云。而缺点也很明显，一个是高频的转动和复杂的机械结构致使其平均的失效时间仅 1 000～3 000 h，难以达到车规级设备最低 13 000 h 的要求。而且体积较大，价格昂贵，难以达到车规级。因此，激光雷达量产商都在着手开发性能更好、体积更小、集成化程度更高，并且成本更低的激光雷达。

② 相比机械式激光雷达，固态激光雷达（见图 8-7）由于不存在旋转的机械结构，其结构简单、尺寸小，仅面向一个方向一定角度进行扫描，覆盖范围有所限制。它取消了复杂高频转动的机械结构，耐久性得到了巨大的提升，体积也可以大幅缩小，可安装于车体内。该类雷达所有的激光探测水平和垂直视角都是通过电子方式实现的，且装配调试可以实现自动化，能够量产。固态激光雷达是必然的技术发展路线。但是，固态激光雷达在不良天气条件下检测性能较差，不能实现全天候工作。根据技术路线不同，固态激光雷达又分为光学相控阵 OPA 激光雷达、微机电系统 MEMS 激光雷达和 3DFlash 激光雷达。

③ 混合固态激光雷达是前两者的折中方案，相较机械式激光雷达，混合固态激光雷达也只扫描前方一定角度内的范围，而相比纯固态激光雷达，混合固态激光雷达也有一些较小的活动部件。不过混合固态激光雷达在成本、体积等方面更容易得到控制。混合固态激光雷达采用固定激光光源通过内部玻璃片旋转的方式改变激光光束的方向，实现多角度检测需要，且采用嵌入式安装。目前，混合固态激光雷达也有多种解决方案，主要包括 MEMS 振镜、转镜和棱角等。

图 8-6　机械激光雷达

图 8-7　固态激光雷达

（2）激光雷达根据线数的多少，可分为单线激光雷达和多线激光雷达。

单线激光雷达扫描一次只产生一条扫描线，所获得的数据是 2D 数据，因此无法区别有关目标物体的 3D 信息。单线激光雷达测量速度快，数据处理量少，不能测量物体高度，目前，主要应用于服务机器人身上，如扫地机器人。在智能车上，单线激光雷达主要用于规避障碍物、地形测绘等领域。

多线激光雷达扫描一次可产生多条扫描线，可以识别物体的高度，市场上多线激光雷达产品包括 4 线、8 线、16 线、32 线、64 线和 128 线等。

为获得尽量详细的点云图，激光雷达必须要快速采集周围环境的数据。一种方式是提高发射机/接收机的采集速度，每个发射机在每秒内可以发送 100 000 以上组脉冲，也就是说在 1 s 内，有 100 000 组脉冲完成一次发射/返回的循环。复杂的激光雷达有高达 64 组发射机/接收机，线表示激光雷达系统包含独立的发射机/接收机的数目。多线的配置使得激光雷达在每秒内可构建高达百万的数据点。

此外，激光雷达按照功能用途，可以分为激光测距雷达、激光测速雷达、激光成像雷达、大气探测雷达和跟踪雷达等；按照激光发射波形可分为连续型激光雷达和脉冲型激光雷达；按载荷平台可分为机载激光雷达和车载激光雷达等；按探测方式可分为直接探测激光雷达和相干探测激光雷达。

**任务 2.4**　学习激光雷达的结构，查阅相关资料，并完成以下内容

1. 工作表：激光雷达的结构

（1）激光雷达的基本组成结构有哪些？

_____
_____

（2）信号处理单元的作用是什么？

2. 参考信息

激光雷达主要由激光发射器、激光接收器、信号处理单元与控制系统构成（见图8-8）。激光发射器是激光雷达的激光发射机构，主要负责向障碍物发出激光信号；激光接收器主要接收经障碍物反射之后回来的激光信息；信号处理与控制系统负责控制激光器的发射，以及接收器接收到的信号的处理，它将接收回来的信号进行处理，根据这些信息计算出目标物体的距离等信息，是激光雷达系统最关键的环节，将直接影响激光雷达系统的测量精度。

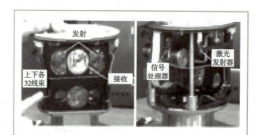

图 8-8　激光雷达的结构

图 8-9 所示为 Velodyne HDL-64E S2 型机械激光雷达的内部结构。雷达分为上下两层，分别布置 2 组发射单元和 1 组接收单元，接收单元位于雷达前部中间区域，发射单元位于接收单元两侧区域。发射单元包括 16 个一组的激光二极管，共 4 组，控制单元和信号处理单元集成在主板上。此外，该雷达还包括底部 360 机械旋转机构，通过电机驱动定速旋转，保证全方位扫描检测。

图 8-9　Velodyne HDL-64E S2 型机械激光雷达的内部结构

任务2.5  学习激光雷达的性能指标，查阅相关资料，并完成以下内容

1. 工作表：激光雷达的性能指标

| 激光雷达的性能指标有哪些？ |
| --- |
|  |

2. 参考信息

激光雷达的主要性能参数有激光的波长、安全等级、探测距离、视场角（FOV）、角分辨率、出点数、线束、输出参数、使用寿命、激光发射方式等。

（1）激光的波长

三维成像激光雷达最常用的波长是 905 nm 和 1 550 nm。1 550 nm 波长激光雷达传感器可以以更高的功率运行，以提高探测范围，同时对于雨雾的穿透力更强。905 nm 的主要优点是硅在该波长处吸收光子，而硅基光电探测器通常比探测 1 550 nm 光所需的铟镓砷（InGaAs）近红外探测器便宜。

（2）安全等级

激光雷达的安全等级是否满足等级，需要考虑特定波长的激光产品在完全工作时间内的激光输出功率，即激光辐射的安全性是波长、输出功率和激光辐射时间的综合作用的结果。

（3）探测距离

激光雷达的测距与目标的反射率相关。目标的反射率越高测量的距离越远，目标的反射率越低测量的距离越近。因此在查看激光雷达的探测距离时要知道该测量距离是目标反射率为多少时的探测距离。

（4）视场角（FOV）

激光雷达的视场角有水平视场角和垂直视场角。如果是机械旋转激光雷达，则其水平视场角为 360°。

（5）角分辨率

角分辨率分为水平分辨率和垂直分辨率。水平分辨率可以做得很高，一般为 0.01 度级别。垂直分辨率与发射器几何大小相关，也与其排布有关系，相邻两个发射器间隔做得越小，垂直分辨率也就会越小。垂直分辨率为 0.1~1 度的级别。

（6）出点数

出点数是指每秒激光雷达发射的激光点数，激光雷达的点数一般从几万点至几十万点每秒。

（7）线束

线束有单线和多线激光雷达之分，多线激光雷达是通过多个激光发射器在垂直方向上的分布，通过电机的旋转形成多条线束的扫描。理论上讲线束越多、越密对环境描述就越充分，这样可以降低算法的要求。常见的激光雷达的线束有16线、32线和64线等。

（8）输出参数

输出参数包括障碍物的位置（三维）、速度（三维）、方向、时间戳（某些激光雷达有）、反射率。

（9）使用寿命

机械旋转的激光雷达的使用寿命一般在几千小时；固态激光雷达的使用寿命可高达10万小时。

（10）激光发射方式

传统的采用机械旋转的结构，机械旋转容易导致磨损使得激光雷达的使用寿命有限。在固态激光雷达Flash、MEMS、相控阵三类中，Flash激光雷达只要有光源，就能用脉冲一次覆盖整个视场，随后再用飞行时间（TOF）方法接收相关数据并绘制出激光雷达周围的目标。MEMS激光雷达的结构相当简单，只要一束激光和一块反光镜，激光射向这块类似陀螺一样旋转的反光镜就行，反光镜通过转动可以实现对激光方向的控制。相控阵激光雷达利用独立天线同步形成的微阵列，可以向任何方向发送无线电波，完全省略了"旋转"这一步骤，只需控制每个天线发送信号间的时机或阵列，就能控制信号射向特定位置。

## 三、参考书目

| 序列 | 书名，材料名称 | 说明 |
| --- | --- | --- |
| 1 | 《智能汽车传感器技术》 | 机械工业出版社 |
| 2 | 维修手册 | |

学生笔记：

# 任务 3  激光雷达的工作原理

## 一、任务信息

| 课程 | 智能汽车传感器应用与检测 | |
|---|---|---|
| 模块 | 模块八  激光雷达的应用与检测 | |
| | 任务 3  激光雷达的工作原理 | |
| 任务难度 | 初级 | |
| 学时 | 1 学时 | 班级 |
| 成绩 | | 日期 |
| 姓名 | | 教师签名 |
| 案例导入 | 客户来到某智能网联汽车销售服务公司进行车辆维修,该车激光雷达损坏,小刘作为维修人员,对业务还不是很熟悉,在对激光雷达的结构有了基本认知后,还需要掌握激光雷达的工作原理 | |
| 能力目标 | 知识 | 能够掌握激光雷达的特点;<br>能够掌握激光雷达的工作原理 |
| | 技能 | 能够较熟练说出激光雷达的工作原理 |
| | 素养 | 能够进行团队协作;<br>能够具有严谨的工作态度;<br>能够具有自我解决问题的能力 |
| 课程思政点 | 树立安全意识<br>树立科技创新意识 | |

## 二、任务流程(以工作流程为标准)

### (一)任务准备

课前预习内容,二维码,线上资源。

## （二）任务实施

### 任务3.1 学习激光雷达的工作原理，查阅相关资料，并完成以下内容

1. 工作表：激光雷达的工作原理

（1）激光雷达的测距原理主要有哪些？
_____
_____
_____

（2）飞行时间TOF法指的是什么？
_____
_____
_____
_____

2. 参考信息

激光雷达的测距原理是通过测算发射信号与激光回波信号的往返时间，从而计算出目标距离。首先，激光雷达发出激光束，激光束碰到障碍物后被反射回来，被激光接收系统进行接收和处理，从而得知从发射至被反射回来并接收之间的时间，即激光的飞行时间。根据飞行时间（TOF），计算出障碍物的距离。激光测距图像如图8-10所示。

激光光束可以准确测量物体轮廓边沿与设备间的相对距离，这些轮廓信息组成点云图并绘制出3D环境地图。TOF激光雷达采用脉冲激光采样，并且能严格控制视场，以减少环境光的影响。

另外，在转速一定的情况下，采样率（每秒能够完成的点云测量次数）决定了每一帧图像的点云数目及点云的角分辨率。角分辨率越高，点云数量越多，则图像对周围环境的描绘就越细致。

（1）三角测距法测距基本原理。

激光器发射激光，在照射到物体后，反射光由线性CCD接收，由于激光器和探测器间隔了一段距离，所以依照光学路径，不同距离的物体将会成像在CCD上不同的位置。按照三角公式进行计算，就能推导出被测物体的距离，如图8-11所示。

图8-10 激光测距图像

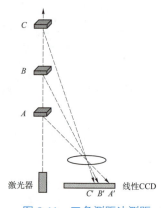

图8-11 三角测距法测距

(2)飞行时间 TOF 法。

TOF 法就是根据激光遇到障碍物后的折返时间,通过光速计算目标与雷达的相对距离,如图 8-12 所示。激光光束可以准确测量视场中物体轮廓边沿与设备间的相对距离,这些轮廓信息组成点云图并绘制出 3D 环境地图。TOF 法雷达可以测量的距离从原理上说,应该更远。实际上,在一些要求测量距离较远的场合,比如五人驾驶汽车应用,几乎都是 TOF 雷达。

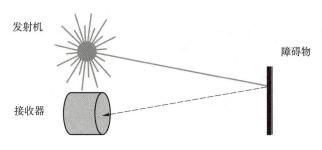

图 8-12　TOF 法测距

(3)调幅连续波测距。

原理:AMCW 通过将光波的强度进行调制(如正弦波或三角波等),使光波在投射到物体后返回探测器的过程中在光强波形上形成一个相位差,那么通过测量相位差,就可以间接获取光的飞行时间,从而反推飞行距离,如图 8-13 所示。

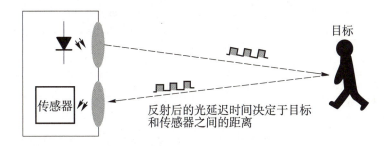

(a)

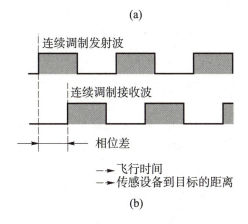

(b)

图 8-13　调幅连续波测距

## 三、参考书目

| 序列 | 书名,材料名称 | 说明 |
| --- | --- | --- |
| 1 | 《智能汽车传感器技术》 | 机械工业出版社 |
| 2 | 维修手册 | |

学生笔记:

# 任务4　激光雷达的应用

## 一、任务信息

| 课程 | 智能汽车传感器应用与检测 | | |
|---|---|---|---|
| 模块 | 模块八　激光雷达的应用与检测 | | |
| | 任务4　激光雷达的应用 | | |
| 任务难度 | 初级 | | |
| 学时 | 1学时 | 班级 | |
| 成绩 | | 日期 | |
| 姓名 | | 教师签名 | |
| 案例导入 | 客户来到某智能网联汽车销售服务公司进行车辆维修，该车激光雷达损坏，小刘作为维修人员，对激光雷达的结构和原理有了初步的认知，还要了解激光雷达的应用场景，为后续的维修做铺垫 | | |
| 能力目标 | 知识 | 能够掌握激光雷达的特点 | |
| | 技能 | 能够清晰描述激光雷达的应用场景 | |
| | 素养 | 能够进行团队协作；<br>能够具有严谨的工作态度；<br>能够具有自我解决问题的能力 | |
| 课程思政点 | 树立安全意识<br>树立科技创新意识 | | |

## 二、任务流程（以工作流程为标准）

### （一）任务准备

课前预习内容，二维码，线上资源。

## （二）任务实施

**任务4.1　学习激光雷达的应用，查阅相关资料，并完成以下内容**

1. 工作表：激光雷达的应用

---

（1）激光雷达的应用场景有哪些？
_____
_____
_____

（2）激光雷达如何进行障碍检测及运动目标跟踪？
_____
_____
_____
_____
_____

---

2. 参考信息

激光雷达具有高精度、高分辨率，能够精确测量目标的位置、形状及状态，从而引导车辆行进。激光雷达在智能网联汽车中起着类似于"眼睛"的作用，能够根据扫描到的点云数据快速绘制3D全景地图，目前已广泛应用于自适应巡航控制（ACC）、前车碰撞预警（FCW）和自动紧急制动（AEB）等系统，主要应用场景有障碍物识别、高精度定位导航、障碍检测及运动目标跟踪等。

（1）障碍物识别。

激光雷达对周围障碍物进行扫描，对障碍物的形状特征进行提取，对比数据库原有特征数据，进行障碍物分类与识别，如图8-14所示。

（2）高精度定位导航。

激光雷达在定位中的最主要的作用就是对位置传感器定位的校正。在运动定位中，位置传感器提供了智能网联汽车的大致的定位信息，在此基础上，激光雷达从环境中感知的信息（包括点线面的几何信息等）用来在小范围内和已知地图匹配，实现对位置传感器定位的校正，如图8-15所示。

图 8-14　障碍物识别

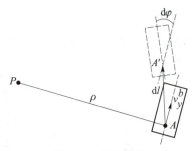

图 8-15　定位校正

利用多线激光雷达的点云信息与地图采集车载组合惯导的信息，进行高精地图制作。自动驾驶汽车利用激光点云信息与高精度地图匹配，以此实现高精度定位。

（3）障碍检测及运动目标跟踪。

在车辆行驶环境中，为了使车辆能够选择最好的行驶轨迹，包含所有障碍物信息的局部地图是车辆能够自主导航的必要条件。障碍物检测是非常复杂的过程，在结构化和非结构化道路环境下，障碍物检测具有很大差别。

根据激光雷达数据的特点，利用点和线段特征来描述环境；提取出当前时刻的点或线段特征，与已知地图进行匹配，从而得到车辆的位置估计。这种方法需要建立环境的地图，并在已知地图的基础上进行定位，解决对环境地图的描述和地图自动生成问题、环境地图的匹配问题以及定位的精度问题。

在无人驾驶系统中，实现障碍物的检测常用的传感器有双目立体相机、激光雷达等。相比于双目立体相机，激光雷达在深度信息的准确性以及检测范围上要更为出色。使用激光束扫描场景，测量每个角度对应的距离和强度（见图8-16所示）。

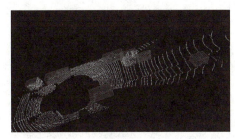

图8-16 障碍检测及运动目标跟踪

对于常见的16/32/64线激光雷达，有激光发生单元组数较多，该类型激光雷达在每个时间周期内可形成大量3D点云数据，较全面地覆盖周围环境信息。

# 三、参考书目

| 序列 | 书名，材料名称 | 说明 |
|---|---|---|
| 1 | 《智能汽车传感器技术》 | 机械工业出版社 |
| 2 | 维修手册 | |

学生笔记：

# 任务 5　激光雷达的安装与调试

## 一、任务信息

| 课程 | 智能汽车传感器应用与检测 | | |
|---|---|---|---|
| 模块 | 模块八　激光雷达的应用与检测 | | |
| | 任务 5　激光雷达的安装与调试 | | |
| 任务难度 | 中级 | | |
| 学时 | 4学时 | 班级 | |
| 成绩 | | 日期 | |
| 姓名 | | 教师签名 | |
| 案例导入 | 一无人驾驶汽车，发生碰撞后，无法自动避障，经检查发现是激光雷达的位置发生变化，需要对激光雷达进行安装和调试，应当怎样做呢？ | | |
| 能力目标 | 知识 | 能够掌握激光雷达的安装流程；<br>能够掌握激光雷达的安装与调试方法 | |
| | 技能 | 能够完成激光雷达的安装与调试 | |
| | 素养 | 能够进行团队协作；<br>能够具有严谨的工作态度；<br>能够具有解决问题的能力 | |
| 课程思政点 | 树立安全意识<br>树立科技创新意识 | | |

## 二、任务流程（以工作流程为标准）

### （一）任务准备

课前预习内容，二维码，线上资源。

## （二）任务实施

### 任务 5.1　学习激光雷达的安装，查阅相关资料，并完成以下内容

1. 工作表：激光雷达的安装

（1）激光雷达的安装需要注意哪些事项？

_____
_____
_____

（2）记录以下数据。

| 项目 | 维修数据 |
| --- | --- |
| 激光雷达的安装高度 | |
| 激光雷达的安装俯仰角 | |

（3）如何正确使用万用表检测激光雷达线束的通断？

_____
_____
_____
_____

（4）制定激光雷达安装步骤。

_____
_____
_____
_____

2. 参考信息

激光雷达在智能网联汽车上的正确安装，是保证其有效发挥作用的前提。在激光雷达的安装过程中，要根据雷达的用途，确定其安装位置和安装角度。下面我们以智能网联汽车环境感知传感器实训台为例，介绍激光雷达的安装过程。

（1）激光雷达的接线图。

其是按照整车上激光雷达部件与部件之间实际线束连接的关系绘制。为了更加直观地识读接线图，不使用电器图形符号表示，而采用该电器的外形轮廓或特征表示。在接线图中将线束中同向的导线画在一起，真实地反映激光雷达实际的线路情况，可以查找线路中间的分支、接点，为接线和检测电路提供方便。

（2）激光雷达的安装。

在本实训台上，激光雷达所选用的是16线，位于车辆上方。

① 确定激光雷达的安装高度及俯仰角度（激光雷达的俯仰角为180°，横摆角为0°，侧倾角为0°），安装高度根据前方障碍物高度进行调整，横向安装位置为车辆正中央的轴线上，确定好位置后使用专用工具安装激光雷达。

② 将激光雷达电源及控制线束与其他功能部件连接。
③ 接通实训台电源，激光雷达安装完毕。
（3）激光雷达线束装配检查方法。
① 检查线束是否根据布线图要求铺设，是否根据线束所依附物体的走向规范布置，线束应呈现横平竖直的走向，尽量避免斜拉现象。
② 线束装配绑扎后应平顺，线束两端长度余量适当，一般为线束的总长加 20~40 cm。
③ 当有多束线一同绑扎时，线束间应平行布置，严禁扭曲缠绕。
（4）激光雷达线束通断的检查。
① 线路导通的检查：使用数字万用表两表笔线探针分别接入激光雷达线束插接件针脚，用欧姆挡位测得电阻值小于 1 Ω 或用蜂鸣器挡测量报警即表示线路导通。
② 线路短路的检查：使用数字万用表一表笔线探针接入激光雷达一端线束插接件其中一个针脚，另表一表笔线探针分别依次接入激光雷达另一端线束插接件中每一个针脚，用欧姆挡位测得电阻值小于 1 Ω 或用蜂鸣器挡测量报警即可判断线束中有线路短路。
③ 线路错路的检查：根据激光雷达原理图、接线图查阅各端口引脚的名称和作用，使用数字万用表两表笔线探针分别接入激光雷达线束插接件相对应的两引脚，用欧姆挡位测得电阻值小于 1 Ω 或用蜂鸣器挡测量报警即线路正确，否则线路错路。

任务 5.2　学习激光雷达的调试，查阅相关资料，并完成以下内容

1. 工作表：激光雷达的调试

（1）激光雷达调试时应注意什么？

（2）制订激光雷达调试流程计划。

（3）观察激光雷达数据采集情况。

2. 参考信息

本实训台激光雷达的标定是通过软件完成的，以车辆坐标系为参考，将激光雷达的安装位置及安装角度测量准确并记录下来，输入到软件系统中（见图 8-17）。接着，采用标定物对标的方法，将激光雷达的点云图与实际值进行对标调整。

(a)　　　　　　　　　(b)　　　　　　　　　(c)

图 8-17　激光雷达的安装位置

　　打开软件中实训操作界面,选择"传感器的安装与标定—激光雷达的安装与标定"菜单,单击"开始实验",此时,软件界面中包括两个活动区域,分别是"激光雷达实时显示界面"和"激光雷达数据流显示界面"。单击"启动雷达"后,雷达启动,此时,"激光雷达实时显示界面"显示数据点云图,"激光雷达数据流显示界面"显示实时的数据流。

　　通过观察激光雷达数据采集情况,明确安装、通信、标定等步骤是否准确完成。确认无误后,可单击"关闭雷达",关闭激光雷达。也可单击"保存数据",对雷达采集的数据进行保存,便于后期的调用和分析。

# 三、参考书目

| 序列 | 书名,材料名称 | 说明 |
| --- | --- | --- |
| 1 | 《智能汽车传感器技术》 | 机械工业出版社 |
| 2 | 维修手册 | |

学生笔记:

# 模块九

# 视觉传感器的应用与标定

| 学习任务与能力矩阵 ||
|---|---|
| 任务 | 能力 |
| 任务1 视觉传感器的认知 | 能够掌握视觉传感器的定义；<br>能够掌握视觉传感器的分类 |
| 任务2 视觉传感器的工作原理 | 能够掌握视觉传感器的结构组成；<br>能够掌握视觉传感器的工作原理 |
| 任务3 视觉传感器的应用 | 能够掌握视觉传感器的应用领域；<br>能够掌握视觉传感器的车载功能 |
| 任务4 视觉传感器的安装与标定 | 能够掌握视觉传感器的安装方式；<br>能够掌握视觉传感的标定方法 |

## 任务 1　视觉传感器的认知

### 一、任务信息

| 课程 | 智能汽车传感器应用与检测 | |
|---|---|---|
| 模块 | 模块九　视觉传感器的应用与标定 | |
| | 任务 1　视觉传感器的认知 | |
| 任务难度 | 初级 | |
| 学时 | 2 学时 | 班级 |
| 成绩 | | 日期 |
| 姓名 | | 教师签名 |
| 案例导入 | 随着摄像与成像技术的不断发展，摄像头在日常生活中应用越来越广泛，摄像头普遍存在于交通监控、公共场所监控和行车记录等领域，为现代生活提供了便利；为了满足车载环境下体积小、低功耗和大广角等需求，衍生出汽车领域应用的视觉传感器类摄像头，用于现代智能驾驶技术 | |
| 能力目标 | 知识 | 能够掌握视觉传感器的定义；<br>能够掌握视觉传感器的分类 |
| | 技能 | 能够通过外形观察确认视觉传感器的布置位置 |
| | 素养 | 能够进行团队协作；<br>能够具有严谨的工作态度；<br>能够具有自己解决问题的能力 |
| 课程思政点 | 树立安全意识<br>树立科技创新意识 | |

### 二、任务流程（以工作流程为标准）

#### （一）任务准备

课前预习内容，二维码，线上资源。

## （二）任务实施

### 任务1.1 学习视觉传感器定义，并完成以下内容

1. 工作表：视觉传感器定义

（1）视觉传感器的定义是什么？
_____
_____
_____

（2）视觉传感器的主要功能是什么？
_____
_____
_____

2. 参考信息

视觉传感器是指通过对摄像头拍摄到的图像进行图像处理，实现对被测目标的探测，并输出数据和判断结果的传感器。基于采集的图像，结合人工智能算法和深度学习，便于目标检测和图像处理。

视觉传感器是整个机器视觉系统信息的数据来源，主要功能是获取足够的机器视觉系统要处理的最原始图像。

### 任务1.2 学习视觉传感器的分类，完成以下内容

1. 工作表：视觉传感器的分类

描述视觉传感器的分类有哪些。
_____
_____
_____

2. 参考信息

视觉传感器在智能网联汽车上的应用功能不同，一般分为单目视觉传感器、双目视觉传感器、三目视觉传感器和环视视觉传感器，如图9-1、图9-2和表9-1所示。

图9-1 单目视觉传感器

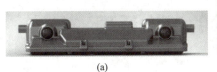 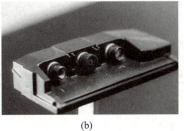 

图 9-2　其他视觉传感器

（a）双目视觉传感器；（b）三目视觉传感器；（c）环视视觉传感器

表 9-1　视觉传感器分类列表

| 视觉传感器类别 | 特点 | 应用 |
| --- | --- | --- |
| 单目视觉传感器 | 优点：成本低，能够识别具体障碍物的种类，识别准确；<br>缺点：无法识别没有明显轮廓的障碍物 | 车道线识别、行人识别和车辆识别 |
| 双目视觉传感器 | 没有识别率限制，无须先识别，可直接进行测量，直接利用视觉差计算距离，精度更高，无须维护样本数据库 | 交通参与者测距 |
| 三目视觉传感器 | 感知范围大，需同时标定 3 个摄像头，算法较复杂 | 远距离检测功能 |
| 环视视觉传感器 | 能实现 360° 广角，图像畸变大，如鱼眼球摄像头 | 全景影像，盲区监测 |

# 三、参考书目

| 序列 | 书名，材料名称 | 说明 |
| --- | --- | --- |
| 1 | 《智能汽车传感器技术》 | 机械教育出版社 |
| 2 | 维修手册 | |

学生笔记：

# 任务 2　视觉传感器的工作原理

## 一、任务信息

| 课程 | 智能汽车传感器应用与检测 | | |
|---|---|---|---|
| 模块 | 模块九　视觉的应用与标定 | | |
| 任务 2　视觉传感器的工作原理 | | | |
| 任务难度 | 初级 | | |
| 学时 | 2学时 | 班级 | |
| 成绩 | | 日期 | |
| 姓名 | | 教师签名 | |
| 案例导入 | 视觉传感器能够将被测物体转换为图像文件，为后续图像识别做基础，其工作原理是什么呢？ | | |
| 能力目标 | 知识 | 能够掌握视觉传感器的结构组成；<br>能够掌握视觉传感器的工作原理 | |
| | 技能 | 能够指出视觉传感器的结构组成；<br>能够说出视觉传感器的工作原理 | |
| | 素养 | 能够进行团队协作；<br>能够具有严谨的工作态度；<br>能够具有解决问题的能力 | |
| 课程思政点 | 树立安全意识<br>树立科技创新意识 | | |

## 二、任务流程（以工作流程为标准）

### （一）任务准备

课前预习内容，二维码，线上资源。

## （二）任务实施

**任务 2.1　学习视觉传感器的结构组成，并完成以下内容**

1. 工作表：视觉传感器的结构组成

---
（1）描述视觉传感器的成像原理。

_____

_____

（2）视觉传感器由哪几部分组成？

_____

_____

---

2. 参考信息

视觉传感器模组利用透镜成像的原理，来实现图像的成像，再通过感光芯片及相关电路来记录和传输图像信号，如图 9-3 所示。

视觉传感器主要由镜头、图像传感器、模数转换器、图像处理器和图像存储器等组成，其主要功能是获取视觉传感器要处理的最原始图像，如图 9-4 所示。

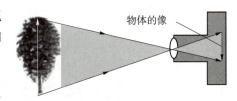

图 9-3　透镜成像原理

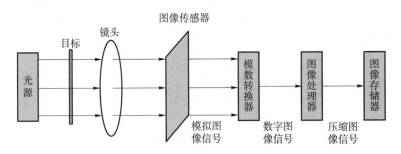

图 9-4　视觉摄像头组成及成像原理

**任务 2.2　学习视觉传感器的工作原理，并完成以下内容**

1. 工作表：视觉传感器的工作原理

---
描述视觉传感器的工作原理。

_____

_____

_____

---

2. 参考信息

视觉传感器的工作原理及流程：被拍摄物体的光线透过镜头，在图像传感器中的感光材料将光强和颜色信息转换成模拟图像信号，数模转换器将模拟图像信号转换成数字图像信号，经过算法优化处理后，以图像文件的形式存储在图像存储器中。

## 三、参考书目

| 序列 | 书名,材料名称 | 说明 |
|---|---|---|
| 1 | 《智能汽车传感器技术》 | 机械教育出版社 |
| 2 | 维修手册 | |

学生笔记:

_____
_____
_____
_____
_____
_____

# 任务 3  视觉传感器的应用

## 一、任务信息

| 课程 | 智能汽车传感器应用与检测 | | |
|---|---|---|---|
| 模块 | 模块九  视觉传感器的应用与标定 | | |
| | 任务 3  视觉传感器的应用 | | |
| 任务难度 | 中级 | | |
| 学时 | 2 学时 | 班级 | |
| 成绩 | | 日期 | |
| 姓名 | | 教师签名 | |
| 案例导入 | 近年来视觉传感已经越来越多地应用在智能网联汽车上,具体功能都有哪些? | | |
| 能力目标 | 知识 | 能够掌握视觉传感器的应用;<br>能够掌握视觉传感器的车载应用 | |
| | 技能 | 能够说出视觉传感器的车载应用案例及功能 | |
| | 素养 | 能够进行团队协作;<br>能够具有严谨的工作态度;<br>能够具有解决问题的能力 | |
| 课程思政点 | 树立安全意识<br>树立科技创新意识 | | |

## 二、任务流程（以工作流程为标准）

### （一）任务准备

课前预习内容，二维码，线上资源。

### （二）任务实施

**任务 3.1　学习视觉传感器的应用，并完成以下内容**

1. 工作表：视觉传感器的应用领域

| 视觉传感器有哪些应用领域？ |
| --- |
|  |
|  |

2. 参考信息

视觉传感器配合图像识别技术可以对交通环境及交通参与方进行识别，如图 9-5 所示。

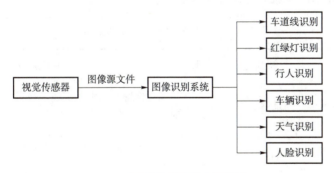

图 9-5　视觉传感器的应用领域

**任务 3.2　学习视觉传感器车载领域的应用，并完成以下内容**

1. 工作表：视觉传感器的车载应用

| （1）视觉传感器常见的布置位置。 |
| --- |
|  |
| （2）各视觉传感器在车载领域的功能应用。 |
|  |
|  |

2. 参考信息

视觉传感器常见的布置位置如图 9-6 所示。

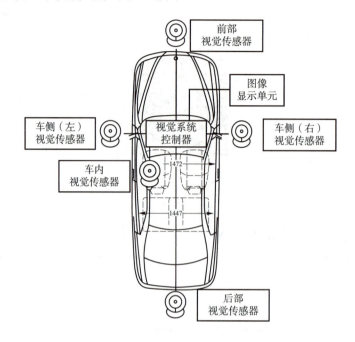

图 9-6　视觉传感器常见的布置位置

视觉传感器在车载领域的应用如表 9-2 所示。

表 9-2　视觉传感器在车载领域的应用

| 功能名称 | 视觉传感器类别 | 功能简介 |
| --- | --- | --- |
| 车道偏离预警系统 | 前视 | 视觉传感器识别车道线，当车辆有偏离车道线趋势时，发出预警信号 |
| 盲点监测系统 | 侧视 | 视觉传感器采集驾驶员盲区影像，并显示给驾驶员，降低事故发生率 |
| 泊车辅助系统 | 后视 | 视觉传感器采集车辆后方影像，并显示给驾驶员，协助泊车 |
| 全景泊车系统 | 前视、侧视、后视 | 运用图像拼接技术，将各视觉传感器的影像合成车辆周围的全景图片，显示给驾驶员 |
| 驾驶员检测系统 | 车内 | 视觉传感器采集驾驶员面部图像，进行人脸识别，监测驾驶员身份、情绪和疲劳等信息 |
| 行人碰撞预警系统 | 前视 | 视觉传感器识别到车辆前方有行人且可能发生碰撞时，发出预警信号 |

续表

| 功能名称 | 视觉传感器类别 | 功能简介 |
|---|---|---|
| 车道保持辅助系统 | 前视 | 视觉传感器识别车道线，当车辆有偏离车道线趋势时，纠正车辆行驶方向 |
| 交通标志识别系统 | 前视、侧视 | 视觉传感器识别周围交通标志信息，显示给驾驶员 |
| 前向碰撞预警系统 | 前视 | 视觉传感器识别到车辆周边交通参与者，如有碰撞风险，发出预警信号 |

## 三、参考书目

| 序列 | 书名，材料名称 | 说明 |
|---|---|---|
| 1 | 《智能汽车传感器技术》 | 机械教育出版社 |
| 2 | 维修手册 | |

学生笔记：

# 任务 4　视觉传感器的安装与标定

## 一、任务信息

| 课程 | 智能汽车传感器应用与检测 | |
|---|---|---|
| 模块 | 模块九　视觉传感器的应用与标定 | |
| | 任务 4　视觉传感器安装与标定 | |
| 任务难度 | 中级 | |
| 学时 | 2 学时 | 班级 |
| 成绩 | | 日期 |
| 姓名 | | 教师签名 |
| 案例导入 | 视觉传感器在车载环境下，为了保证美观性，一般采用隐藏式安装，仅露出镜头部分，且由于装配与制造误差，视觉传感器需要进行标定后，才可以正常使用 | |
| 能力目标 | 知识 | 能够掌握视觉传感器的拆装方法；<br>能够掌握视觉传感器的标定方法 |
| | 技能 | 能够对视觉传感器进行拆装；<br>能够对视觉传感器进行标定 |
| | 素养 | 能够进行团队协作；<br>能够具有严谨的工作态度；<br>能够具有解决问题的能力 |
| 课程思政点 | 树立安全意识<br>树立科技创新意识 | |

## 二、任务流程（以工作流程为标准）

### （一）任务准备

课前预习内容，二维码，线上资源。

## （二）任务实施

### 任务 4.1　学习视觉传感器的拆装方法，并完成以下内容

1. 工作表：视觉传感器的拆装方法

| （1）视觉传感器常见的安装布置方案。 |
| --- |
| ＿＿＿＿＿＿＿＿＿＿＿＿＿＿＿＿＿＿＿＿＿＿＿＿＿＿＿＿＿＿＿＿＿＿＿＿＿＿＿＿＿＿＿＿＿＿＿＿＿＿＿ |
| （2）视觉传感器的拆装方法。 |
| ＿＿＿＿＿＿＿＿＿＿＿＿＿＿＿＿＿＿＿＿＿＿＿＿＿＿＿＿＿＿＿＿＿＿＿＿＿＿＿＿＿＿＿＿＿＿＿＿＿＿＿ |

2. 参考信息

车载视觉传感器，为了保证美观性，一般采用隐藏式安装，视觉传感器的主体不外露，仅可以看到视觉传感器的镜头部分。

常见的布置方案如表 9-3 所示。

表 9-3　视觉传感器车载布置方案

| 视觉传感器类型 | 布置方案 | 图例 |
| --- | --- | --- |
| 前部视觉传感器 | 进气格栅、内后视镜 | 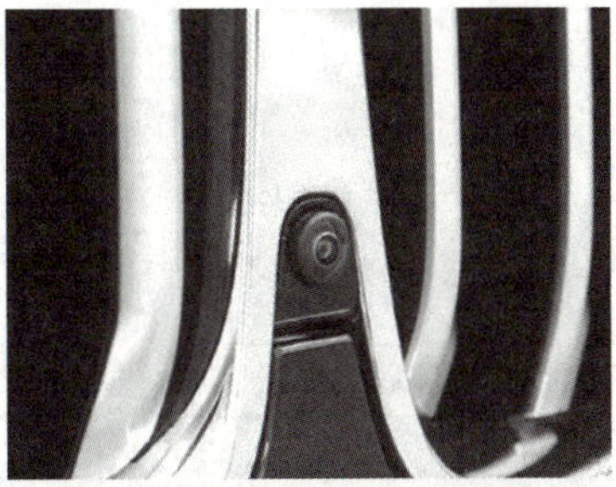  |
| 车侧视觉传感器 | 外后视镜 |  |

续表

| 视觉传感器类型 | 布置方案 | 图例 |
|---|---|---|
| 后部视觉传感器 | 牌照板上方 |  |
| 车内视觉传感器 | 左A柱 |  |

车辆的具体安装结构因车而异，视觉传感器的拆装方法也不尽相同，常见的固定方式有螺栓固定和卡接固定。视觉传感器常固定在车载总成件上，如内外后视镜和进气格栅，需要先对总成件进行拆卸，再对视觉传感器进行拆卸，拆卸时需注意视觉传感器的线束要提前拔除，以免拉断线束本体。具体流程如图9-7所示。

图9-7 车载视觉传感器拆卸流程

装配流程与拆卸流程相反即可。

任务4.2 学习视觉传感器的标定方法，并完成以下内容

1. 工作表：视觉传感器的标定

（1）视觉传感器需要标定的原因。

（2）视觉传感器的标定方法。

2. 参考信息

受限于成本和布置空间的限制，车载视觉系统普遍在前后左右4个方向，为了最大限

度地获取车辆周边的影像,视觉传感器采用的是视场角大于180°的鱼眼镜头,在扩大了视野范围的同时,带来了较大的畸变,所以需要对原始图像进行畸变校正,再进行无缝拼接,最终给驾驶者呈现出一副正常的图片影像,如图9-8所示。

视觉传感器的标定流程:

(1)车位准备。

首先准备一个与车型长宽匹配的内框图,内框四边各加入一个35格的黑白棋盘格(具体尺寸需根据车尺寸确定),如图9-9和图9-10所示。

图9-8 鱼眼镜头图像畸变现象

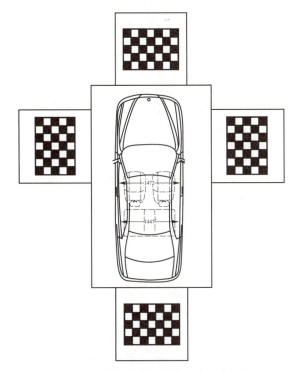

图9-9 视觉传感器的标定工位示意图

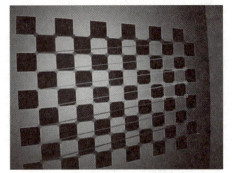

图9-10 标定界面

根据车型尺寸,制作合适的标定面积。

(2)标定要求。

① 要求地面不能反光,整个标定工位光线需均匀。

② 在标定之前要确定要标定的车辆停在内框图内,必要时需制作固定工装,以保证标定结果。

(3)标定流程。

进入标定模式的触发条件:车辆行驶至如图9-10所示的标定车位中,通过车辆的OBD口发送标定指令,视觉传感器系统收到指令后会进入标定模式,首先判断车辆是否在标定车位,如不符合标定条件则会提示"视觉传感器检测失败!",并退出标定模式。

如车辆在标定车位,将在指定时间内自动完成标定,标定完成后系统自动退出标定模式,返回正常工作模式,标定工作完成。

## 三、参考书目

| 序列 | 书名,材料名称 | 说明 |
| --- | --- | --- |
| 1 | 《智能汽车传感器技术》 | 机械教育出版社 |
| 2 | 维修手册 | |

学生笔记:

# 模块十

# 其他传感器的应用与检测

| 学习任务与能力矩阵 ||
|---|---|
| 任务 | 能力 |
| 任务1　日照传感器原理与检测 | 掌握日照传感器的原理与结构；<br>了解日照传感器的检测方法 |
| 任务2　加速度传感器原理与检测 | 掌握加速度传感器的原理与结构；<br>了解加速度传感器的检测方法 |
| 任务3　刮水器传感器原理与检测 | 掌握刮水器传感器的原理与结构；<br>了解刮水器传感器的检测方法 |

# 任务 1　日照传感器原理与检测

## 一、任务信息

| 课程 | 智能汽车传感器应用与检测 | |
|---|---|---|
| 模块 | 模块十　其他传感器的应用与检测 | |
| | 任务 1　日照传感器原理与检测 | |
| 任务难度 | 初级 | |
| 学时 | 0.75 学时 | 班级 |
| 成绩 | | 日期 |
| 姓名 | | 教师签名 |
| 案例导入 | 日照传感器也称为阳光传感器，其作用是测量阳光的"热辐射"强弱大小，把采集的光强弱信号传递给主控 ECU（控制单元）。由于日照情况与温度存在直接关系，所以控制单元对阳光强弱以及环境（车内外）温度信号进行综合比较、计算、判断，并准确计算出更合理的车内环保温度（升高或降低）。从而自动调整空调的冷热舒适状态。目前不少车型都有安装日照传感器。那么日照传感器安装在车上的什么位置呢？ | |
| 能力目标 | 知识 | 掌握日照传感器的原理与结构；<br>了解日照传感器的检测方法 |
| | 技能 | 能够通过教材上的图片、文字说明，理解日照传感器的原理、结构与检测方法 |
| | 素养 | 能够进行团队协作；<br>能够具有严谨的学习态度；<br>能够具有解决问题的能力 |
| 课程思政点 | 树立安全意识 | |

## 二、任务流程（以工作流程为标准）

### （一）任务准备

课前预习内容（二维码，线上资源）。

## （二）任务实施

### 任务 1.1　了解日照传感器的概念、在车上的位置

1. 工作表：日照传感器的概念和位置

（1）日照传感器通常安装在车上的什么位置？
_____
_____

（2）日照传感器能够检测什么信号？
_____
_____

2. 参考资料

日照传感器安装在驾驶室仪表板上方容易接受阳光照射的位置处，如图 10-1 所示。日照传感器也称为太阳能传感器，可以检测太阳辐射能。

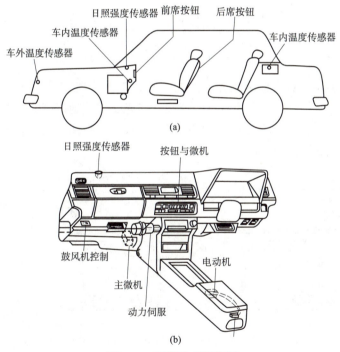

图 10-1　日照传感器位置

### 任务 1.2　掌握日照传感器的结构与工作原理

1. 工作表：日照传感器的结构与工作原理。

（1）日照传感器的组成部分有哪些？
_____
_____

（2）简述日照传感器的工作原理。

2. 参考资料

日照传感器的结构与特性如图 10-2 所示。日照传感器主要由壳体、滤光片及光电二极管组成。通过光电二极管可检测出日光照射量的变化。光电二极管对日光的照射变化反应敏感，而自身受温度的影响极小。将日照变化转换成电流变化，根据电流的大小就可得出准确的日照量。电流与日照强度基本上是直线关系。

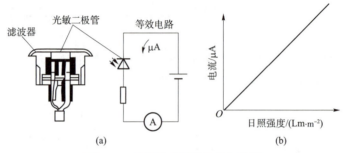

图 10-2　日照传感器的结构与特性

有些日照传感器还具有检测阳光方向的功能。工作原理如图 10-3 所示。如果阳光从其中一侧照射到传感器上，滤光片本身的特性会将光线集中到该侧的光电二极管上，此时该侧的光电二极管的电流明显大于另一侧的光电二极管。空调系统控制单元就可以判定车内哪一侧受到了光照影响而升温。

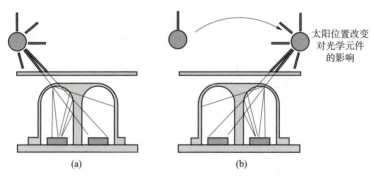

图 10-3　日照传感器检测阳光方向的原理
（a）阳光从左侧照射；(b) 阳光从右侧照射

### 任务1.3　了解日照传感器的检测方法

1. 工作表：日照传感器的检测方法

简述日照传感器的检测方法。

2. 参考资料

日照传感器通常安装在风窗玻璃下面。拆下仪表板上的杂物箱，拔下日照强度传感器导线连接器，用布遮住传感器，测量连接器端子之间的电阻值，正常情况下电阻值为∞，不导通。掀开传感器上的布，用灯光照射传感器，继续测量其电阻值，正常情况下应为 4 kΩ 左右。当灯光逐渐从传感器上移开后，光照变弱，日照传感器的电阻值应该增加。

# 三、参考书目

| 序列 | 书名，材料名称 | 说明 |
| --- | --- | --- |
| 1 | 《智能汽车传感器技术》 | 机械工业出版社 |
| 2 | 《汽车传感器从入门到精通》 | 化学工业出版社 |
| 3 | 《汽车传感器及其应用》 | 电子工业出版社 |

学生笔记：

# 任务 2　加速度传感器原理与检测

## 一、任务信息

| 课程 | 智能汽车传感器应用与检测 | | |
|---|---|---|---|
| 模块 | 模块十　其他传感器的应用与检测 | | |
| | 任务 2　加速度传感器原理与检测 | | |
| 任务难度 | 初级 | | |
| 学时 | 0.75 学时 | 班级 | |
| 成绩 | | 日期 | |
| 姓名 | | 教师签名 | |
| 案例导入 | 汽车追尾是在人为不当的超速、抢道或者紧急刹车等情况下经常发生的一类交通事故。随着人们对行车安全性关注度的提高,如今出现将相关性的现代技术应用到对车辆的状态检测上,以此减少汽车追尾事故的发生。其中利用加速度传感器对刹车状态检测,是目前较为常见的一种防追尾措施。下面让我们来认识一下加速度传感器。 | | |
| 能力目标 | 知识 | 掌握加速度传感器的原理与结构;<br>了解加速度传感器的检测方法 | |
| | 技能 | 能够通过教材上的图片、文字说明,理解加速度传感器的原理、结构与检测方法 | |
| | 素养 | 能够进行团队协作;<br>能够具有严谨的学习态度;<br>能够具有自我解决问题的能力 | |
| 课程思政点 | 树立安全意识 | | |

## 二、任务流程（以工作流程为标准）

### （一）任务准备

课前预习内容（二维码,线上资源）。

## (二)任务实施

### 任务 2.1　了解加速度传感器的功能

**1. 工作表:加速度传感器的功能**

加速度传感器的功能是什么?
_____
_____

**2. 参考资料**

加速度传感器的功能是:检测汽车的减速度并将信号传送到 ABS ECU 中,ABS ECU 则通过这些信号对路况进行识别,而后采取适当的控制措施。四轮驱动的汽车有其独特的制动特性,用加速度传感器检测汽车制动时的减速度,判断出道路表面的附着系数,提高制动性能。加速度传感器在不同车上安装的位置也不同。有些加速度传感器安装在后备厢内,有些则安装在发动机室里。

### 任务 2.2　掌握加速度传感器的结构与工作原理

**1. 工作表:加速度传感器的结构与工作原理**

(1)光电式加速度传感器的工作原理是什么?
_____
_____
_____

(2)水银式加速度传感器的工作原理是什么?
_____
_____
_____

(3)差动变压器式加速度传感器的工作原理是什么?
_____
_____
_____

**2. 参考资料**

加速度传感器按原理可分为光电式、水银式、差动变压器式。

光电式加速度传感器由两个发光二极管、两个光敏晶体管、一个透光板和一个信号转换电路组成,如图 10-4 所示。当汽车的加速度变化时,透光板则随着加速度的变化而沿汽车的纵轴方向进行摆动,透光板控制了光敏晶体管的开关。

水银式加速度传感器主要由玻璃管和水银组成,如图 10-5 所示。当汽车加速度变化时,水银在玻璃管内靠惯性作用前移或后移,控制了 ABS 控制电路的通断。

差动变压器式加速度传感器内含差动变压器。当汽车加速度变化时,铁芯受惯性力作用移动,从而使感应电流发生变化,作为输出信号,如图 10-6 所示。

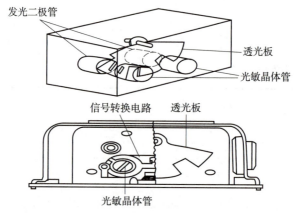

图 10-4　光电式加速度传感器的结构

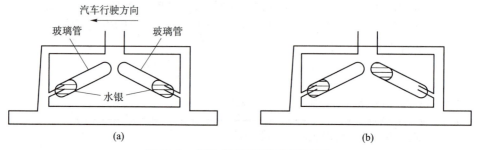

图 10-5　水银式加速度传感器的结构

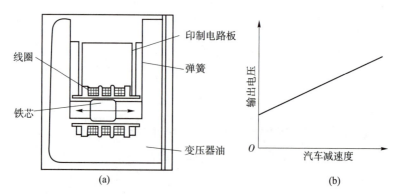

图 10-6　差动变压器式加速度传感器的结构

## 任务 2.3　了解加速度传感器的检测方法

1. 工作表：加速度传感器的检测方法

简述加速度传感器的检测方法。

2. 参考资料

加速度传感器的检测步骤如下：

（1）检查蓄电池电压。
（2）检查指示灯是否闪亮。
（3）检查传感器的探测点。
（4）检查传感器的工作过程。
① 驾驶汽车以不小于 10 km/h 的速度直线行驶，然后轻轻地踩下制动踏板。
② 检查 ABS 警示灯的闪烁模式是否无变化。
③ 驾驶汽车以不小于 20 km/h 的速度直线行驶，然后比平常稍重一些地踩下制动踏板。
④ 检查 ABS 警示灯在制动过程中是否连续变亮。
⑤ 驾驶汽车以不小于 20 km/h 的速度直线行驶，然后用力踩下制动踏板。
⑥ 检查 ABS 警示灯的闪烁模式在制动后是否变化。

## 三、参考书目

| 序列 | 书名，材料名称 | 说明 |
| --- | --- | --- |
| 1 | 《智能汽车传感器技术》 | 机械工业出版社 |
| 2 | 《汽车传感器从入门到精通》 | 化学工业出版社 |
| 3 | 《汽车传感器及其应用》 | 电子工业出版社 |

学生笔记：

# 任务 3　刮水器传感器原理与检测

## 一、任务信息

| 课程 | 智能汽车传感器应用与检测 | | |
|---|---|---|---|
| 模块 | 模块十　其他传感器的应用与检测 | | |
| | 任务 3　刮水器传感器原理与检测 | | |
| 任务难度 | 初级 | | |
| 学时 | 0.5 学时 | 班级 | |
| 成绩 | | 日期 | |
| 姓名 | | 教师签名 | |
| 案例导入 | 雨滴传感器又叫雨滴检测传感器，是一种专门用于检测雨滴的新型传感元件。该元件广泛用于需要检测雨滴的各种场所。汽车当中的雨滴传感器用于检测雨量。那么雨滴传感器安装在什么位置呢？ | | |
| 能力目标 | 知识 | 掌握刮水器传感器的原理与结构 | |
| | 技能 | 能够通过教材上的图片、文字说明，理解刮水器传感器的原理、结构 | |
| | 素养 | 能够进行团队协作；<br>能够具有严谨的学习态度；<br>能够具有自我解决问题的能力 | |
| 课程思政点 | 树立安全意识 | | |

## 二、任务流程（以工作流程为标准）

### （一）任务准备

课前预习内容（二维码，线上资源）。

## （二）任务实施

### 任务 3.1　了解刮水器传感器的概念、在车上的位置

**1. 工作表：刮水器传感器的概念和位置**

（1）刮水器传感器通常安装在什么位置？
_____
_____

（2）刮水器传感器有什么功能？
_____
_____

**2. 参考资料**

汽车在雨雪天气行驶时，需要设置自动刮水系统。其中的雨滴传感器用于检测雨量，并利用控制器将检测出的信号进行变换，根据变换后的信号自动地按雨量设定刮水器的间歇时间，以便随时控制刮水器电动机，确保行车视野。

雨滴传感器通常安装在车内后视镜前方，挡风玻璃上方。

### 任务 3.2　掌握刮水器传感器的结构与工作原理

**1. 工作表：刮水器传感器的结构与工作原理**

（1）压电式、光电式刮水器传感器的组成部分有哪些？
_____
_____
_____

（2）简述压电式、光电式刮水器传感器的工作原理。
_____
_____
_____
_____
_____

**2. 参考资料**

雨滴传感器按原理可分为压电式雨滴传感器与光电式雨滴传感器。

压电式雨滴传感器由振动板、压电元件、放大电路、壳体及阻尼橡胶构成，如图 10-7 所示。

压电元件把从振动板传递来的变形转换为电压信号。当压电元件出现机械变形时，其两侧的电极上会产生电压，电压大小与加到振动板上的雨滴能量成正比，一般为 0.5～300 mV。放大电路将压电元件上产生的电压信号放大后再输入到刮水器放大器中。

光电式雨滴传感器由 2 个可以发出红外线的发光二极管、1 个可以接收红外线的光电二极管、1 个透镜、胶带组成，如图 10-8 所示。

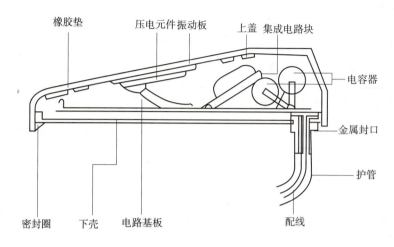

图 10-7 压电式雨滴传感器的结构

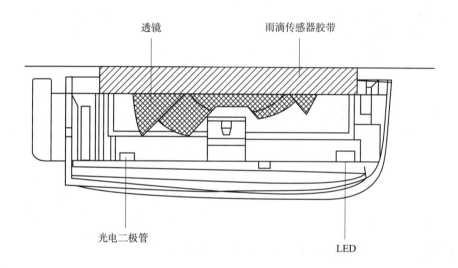

图 10-8 光电式雨滴传感器的结构

如果没有出现雨滴，则 LED 发出的红外线全部被挡风玻璃反射并被光电二极管接收；如果有雨滴，那么折射率发生变化，部分红外线通过雨滴穿透挡风玻璃，减少了光电二极管收到的红外线量，减少量用于检测雨滴量。因此，为了以最佳刮水定时操作刮水器，该功能控制间歇、低速和高速刮水器操作。

## 三、参考书目

| 序列 | 书名，材料名称 | 说明 |
|---|---|---|
| 1 | 《智能汽车传感器技术》 | 机械工业出版社 |
| 2 | 《汽车传感器从入门到精通》 | 化学工业出版社 |
| 3 | 《汽车传感器及其应用》 | 电子工业出版社 |

学生笔记：